Célestin Bouglé

Qu'est-ce que la sociologie ?

essai

ISBN : 978-1514194959

10 9 8 7 6 5 4 3 2 1

Célestin Bouglé

Qu'est-ce que la sociologie ?

essai

Table de Matières

Préface - La philosophie sociale et la pédagogie   6

Avant-propos   18

Chapitre I -Sociologie et psychologie   19

Chapitre II - La sociologie populaire et l'histoire   40

Chapitre III - Les rapports de l'histoire et de la science sociales d'après Cournot   57

Chapitre IV - Théories sur la division du travail   86

Préface

La philosophie sociale et la pédagogie

La sociologie conquiert lentement son droit de cité dans l'enseignement. Déjà dans la partie du programme des classes de philosophie qui concerne la morale pratique, l'attention était attirée sur diverses notions – la propriété et le travail, la famille et la nation, l'État et la démocratie – qui permettaient au professeur d'utiliser les connaissances sociologiques qu'il avait pu acquérir. Une mesure plus hardie a été prise pour l'enseignement primaire. Des notions de sociologie appliquées à la morale et à l'éducation doivent dorénavant être enseignées dans les écoles normales d'instituteurs. On doit donner aux élèves-maîtres des lumières sur la sociologie domestique et politique, religieuse et économique.

Si nous comprenons bien les intentions des auteurs de la réforme, il ne s'agit nullement d'essayer de transformer les futurs instituteurs en sociologues proprement dits : en leur faisant connaître quelques-uns des résultats acquis, en les mettant en face des problèmes posés par les recherches sociologiques, on espère imprimer à leurs esprits une orientation générale dont leur enseignement pourra bénéficier : il s'agit surtout de leur offrir, au départ, un modeste bagage de « philosophie sociale » qu'ils grossiront au fur et à mesure de leurs réflexions sur leurs expériences.

Quels services particuliers la philosophie sociale peut-elle donc rendre à la pédagogie ?

Il nous a semblé, en rééditant aujourd'hui ce petit livre, qu'il n'était pas inutile de résumer sur ce point les idées qu'a pu nous suggérer, il y a longtemps déjà [1], notre double effort de recherche et d'enseignement.

La fonction moderne de la philosophie sociale consiste essentiellement à nous tenir au courant du progrès des diverses sciences sociales. Elle ne cherche plus à les devancer orgueilleusement, comme l'ancienne philosophie de l'histoire ; elle se contente elle se contente de les suivre pas à pas, pour colliger et,

---

1 L'essentiel des réflexions qui vont suivre est extrait d'une leçon d'ouverture d'un cours de pédagogie qui fut fait en 1902 à l'Université de Toulouse, où l'auteur était professeur de philosophie sociale.

Célestin Bouglé

s'il se peut, coordonner leurs résultats acquis.

La philosophie sociale du sens commun s'alimente rarement de notions proprement scientifiques. Que nous les ayons conquises par notre expérience personnelle, ou, comme il arrive plus souvent, revues toutes faites de quelque tradition collective, les idées qui fondent nos différents jugements sociaux reposent rarement elles-mêmes sur un nombre suffisant d'observations comparées et critiquées. Le plus souvent notre champ est restreint, et nous en cueillons les fleurs sans tri, au hasard de la vie. Imaginons qu'au lieu de connaître uniquement, et vaguement, telle ou telle famille, telle église, tel marché, tel gouvernement, nous possédions des renseignements, précis et contrôlés, sur les différents types de souveraineté, sur les différents systèmes de production et d'échange, sur les différentes catégories de dogmes et de rites, sur les différentes espèces d'organisation familiale, sur les diverses formes, enfin, de la vie domestique ou politique, économique ou religieuse. Nous aurions ainsi substitué, à une expérience forcément circonscrite et fragmentaire, une expérience méthodiquement élargie ; à un choix spontané et, par suite, arbitraire, un choix raisonné ; à des « prénotions » subjectives, des notions aussi objectives que possible. C'est à préparer cette substitution que travaillent, chacune dans la galerie où elle s'enfonce, les diverses sciences sociales.

Imaginons qu'on ouvre une sorte de magasin d'idées : au fur et à mesure qu'ils seraient élaborés, les résultats les plus généraux des recherches spéciales, – économie politique ou science des religions, morphologie sociale ou éthologie collective, – y seraient concentrés, rangés, étagés ; et le sens commun y pourrait déjà acquérir une utile provision de notions scientifiques.

Ces notions, d'ailleurs, ne sauraient rester longtemps juxtaposées. Les rapprocher, c'est les inciter à se coordonner. Les idées ne demeurent pas inertes à côté les unes des autres comme les articles d'un magasin. Sitôt mises en présence, elles s'ajustent ou s'opposent ; à l'étincelle de leur contact, on aperçoit entre elles des rapports inattendus. Illuminations précieuses – l'histoire de l'économie politique, de la science du droit ou des religions en fournirait vingt preuves – pour le progrès même de la science : mais plus précieuses encore pour le progrès de l'action.

Non que l'organisation des connaissances nous paraisse la condition suffisante de la vie morale. Pour qu'un idéal jaillisse du rapprochement des idées, il y faut sans doute la présence de certains sentiments, qui cèdent de leur chaleur à la combinaison. Il n'en est pas moins vrai que notre conception de l'idéal est étroitement ordonnée à notre représentation de la réalité. Ce que l'homme sait ou croit savoir, déterminant ce qui lui paraît nécessaire et ce qui lui paraît possible, délimite aussi la carrière de son désir. La qualité des « jugements de réalité » qui remplissent l'esprit d'un homme pèsera donc, directement ou indirectement, sur les « jugements de valeur » qui commanderont à sa conscience. Substituer dans cet esprit, aux résultats invérifiés d'une expérience fragmentaire, les résultats critiqués d'une expérience universalisée, c'est élargir en même temps que c'est éclairer son champ d'action ; c'est arracher quelque chose au hasard ; c'est rendre possible une détermination plus consciente et plus rationnelle.

Ainsi, en concentrant dès leur apparition les rayons de vérité émis par les sciences sociales diverses, la philosophie sociale pourra projeter utilement un faisceau de lumière, non pas seulement sur les chemins de la science, mais encore et surtout sur les chemins de l'action.

*

**

Comment, dès lors, la philosophie sociale ne serait-elle pas utile, en particulier, à ceux qui doivent former la jeunesse ?

Et, d'abord, – pour commencer par les services les plus palpables et comme les plus matériels – la philosophie sociale augmentera leur bagage de « fiches », de renseignements, de documents de toutes sortes concernant les faits sociaux. Est-il besoin de démontrer qu'il n'est peut-être pas de cours où des informations de ce genre ne puissent être, à l'occasion, heureusement utilisées ? Mais il en est un surtout, et peut-être le plus important, où elles pourront fournir l'appoint le plus précieux.

Je songe à l'enseignement de la morale. Beaucoup d'entre nous ont à l'enseigner, non pas seulement occasionnellement, mais *ex*

Célestin Bouglé

professo, non pas seulement par une réprimande ou un éloge, une lecture ou une conversation, mais par un cours proprement dit. Presque tous les réformateurs de nos programmes ont paru fonder de grands espoirs sur la multiplication de ces sortes de cours. Mais nous savons aussi par expérience – expérience de professeurs et expérience d'élèves – combien ces sortes de cours sont difficiles à soutenir. De l'aveu commun, l'enseignement direct de la morale est encore loin d'être la partie la plus intéressante et comme la plus vivante de l'enseignement.

Or ne serait-ce pas une bonne méthode, pour vivifier cet enseignement, que de l'imprégner de sociologie ? Dans la première leçon de son cours sur la sociologie de la famille, M. Durkheim le faisait justement observer [1] : « Voulez-vous que la morale n'intéresse pas moins vos élèves que la psychologie ? Nourrissez votre enseignement de faits. Ne vous contentez pas d'agiter leur esprit en suscitant devant eux des questions. Apprenez-leur des choses. Profitez de la morale pratique – je conserve à dessein les expressions du programme, quelque défectueuses qu'elles soient, – pour leur montrer un peu ce que c'est que le droit, les mœurs, que ce ne sont pas des systèmes logiquement liés de maximes abstraites, mais des phénomènes organiques qui ont vécu de la vie même des sociétés, et faites cette démonstration non d'une manière générale et vague, mais à propos de faits particuliers et concrets. Par exemple, quand vous leur expliquez la famille, mettez-leur sous les yeux, à côté du type actuel qu'ils croient seul au monde, quelques-uns de ceux dont je vais vous entretenir cette année afin qu'ils aient une idée plus juste du premier... Procédez de même pour la société. Ne vous contentez pas de donner à vos élèves une idée générale sur la nature des agrégats sociaux, mais montrez-leur qu'il y en a d'espèces différentes dont vous leur direz les propriétés distinctives, afin qu'ils comprennent mieux les caractères principaux des sociétés contemporaines. »

C'était en 1888 que M. Durkheim écrivait ces lignes. Il est remarquable que les discussions instituées sur « l'éducation morale dans l'université » nous ont ramené à des conclusions analogues, et ont mis en lumière le profit que nous pourrions retirer, pour l'enseignement de la morale, de la connaissance des faits sociaux.

---

1 *Annales de la Faculté de Bordeaux,* 1888, p. 275.

C'est ainsi que M. Belot [1] montre que, pour constituer un enseignement moral efficace, une série de sermons laïques sur les différentes vertus ou une série de dissertations métaphysiques sur les différents principes de la morale ne sauraient suffire. La théorie pure ne s'adresse qu'à la raison de l'enfant, et souvent la dépasse ; la pure homélie ne s'adresse qu'à son cœur, et souvent ne l'atteint pas. Dans tous les cas l'enseignement gagnerait à être « pratique » et « positif », c'est-à-dire à manier les exemples concrets, pour déployer devant l'enfant la réalité sociale où il doit agir, et d'où il verrait surgir, en quelque sorte, ses devoirs précis et pressants.

Veut-on, par exemple, ouvrir les esprits des jeunes gens à la pitié, à la fraternité, au souci de la justice sociale ? On ne se contentera pas de leur dire, d'une manière générale, qu'il y a des malheureux ; on essaiera de leur mettre sous les yeux les différentes formes, les causes et les conséquences de la misère ; on leur parlera du chômage et du *sweating-system* ; on leur fera toucher du doigt les dures arêtes de notre organisation économique. Veut-on leur inculquer le sentiment du devoir professionnel ? Qu'on leur prouve, et non pas seulement par la vieille fable des membres et de l'estomac, mais par quelques indications précises et concrètes sur l'accroissement du nombre des professions spécialisées, l'importance chaque jour croissante de la division du travail. On leur fera alors mieux comprendre comment, dans une société dont la prospérité repose sur le travail ainsi divisé, celui qui ne s'acquitte pas consciencieusement de sa fonction sociale commet une sorte d'abus de confiance, et contribue pour sa part à détraquer toute la machine. Qu'on ne néglige, en un mot, aucune occasion de renseigner les enfants sur les caractères propres de la civilisation qui les a pour ainsi dire engendrés et qu'ils doivent à leur tour faire vivre et progresser.

Mais, pour les élever aisément jusqu'à ce point de vue, il ne sera pas inutile de pouvoir sortir de cette civilisation même, d'être capable de confronter le présent avec le passé, le prochain avec le lointain. Pour leur faire mesurer le prix de la liberté de conscience, par exemple, expliquons-leur qu'il a existé, qu'il existe encore nombre de sociétés dans lesquelles, en vertu même de l'union intime qu'elles maintiennent entre le pouvoir spirituel et le pouvoir

1 *L'Éducation morale dans l'Université*, p. 223.

temporel, l'intolérance apparaît comme un droit, bien plus, comme un devoir : ils comprendront mieux pourquoi, dans des sociétés constituées comme les nôtres, elle ne saurait apparaître que comme un accident, ou une survivance. Pour leur faire apprécier à leur valeur ces idées égalitaires qui commandent à notre évolution sociale, traçons-leur le tableau d'une société reposant tout entière sur l'idée de l'inégalité des hommes ; opposons la société hindoue pétrifiée dans ses castes à nos nations en marche vers la démocratie. D'une manière plus générale, opposons à l'immobilité sacrée de l'Orient l'activité audacieuse de l'Occident. On est mieux préparé, par ces perspectives lointaines elles-mêmes, à être de son temps et de son pays, à servir consciemment la civilisation moderne.

Nourri d'observations de ce genre, un cours de morale ne deviendrait-il pas plus substantiel, et plus efficace en même temps que plus intéressant ? Ne serait-il pas plus vivant par cela qu'il s'alimenterait d'exemples empruntés, non pas seulement à notre vie personnelle, mais à la vie même des sociétés ? N'aurait-il pas plus de chances, en satisfaisant avec des faits sociaux l'imagination de nos élèves, de les mieux diriger et de les mieux lancer, pour ainsi dire, vers une réalité mieux connue et mieux appréciée ?

Ainsi, n'aurait-elle d'autre résultat, en nous mettant au courant des progrès de la sociologie économique, ou politique, ou religieuse, que de nous faire connaître avec plus de précision un certain nombre de faits sociaux, la philosophie sociale nous préparerait déjà, par là même, à mieux remplir une de nos plus importantes fonctions d'éducateur.

*

**

Mais elle ne fournira pas seulement de nouveaux matériaux à notre enseignement, elle est capable d'atteindre ses idées directrices, ses tendances profondes, son âme même. Car elle contribuera à l'orientation de notre vie spirituelle, en nous aidant à prendre une conscience plus nette de notre fonction sociale.

Rien n'est plus important pour les destinées de l'enseignement national que cette orientation intime de l'esprit des éducateurs. Auprès de cette question vitale, les réformes extérieures apparaissent comme secondaires. Toutes les transformations de programmes, toutes les multiplications de recettes pédagogiques ne produisent que du papier inutilement noirci tant qu'elles ne correspondent pas, chez ceux qui sont chargés de les appliquer, à un progrès intérieur. Au contraire, que ceux-ci sachent nettement ce qu'ils veulent, ce qu'ils peuvent et ce qu'ils doivent, qu'ils aient défini leur place et mesuré leur rôle dans la société, et l'on pourra se reposer sur leur esprit, plutôt que sur la lettre des réformes : tout ce qu'ils enseignent sera utilement enseigné. C'est pourquoi la tâche la plus urgente de la pédagogie est de former des éducateurs non pas seulement consciencieux, mais « conscients », c'est-à-dire capables de déterminer eux-mêmes le rapport de leur fonction à la vie des sociétés, et familiers avec celte pensée de l'ensemble sans laquelle, disait Mirabeau, on peut être fort honnête homme, mais aussi le pire ennemi de tout progrès. C'est dire que la pédagogie ne saurait se passer du secours de la philosophie sociale. En nous élevant, grâce aux marches taillées par les sciences sociales diverses, jusqu'à ces hauteurs d'où l'on voit se déployer la constitution et se dérouler l'évolution des différents groupements humains, celle-ci nous aidera à situer, pour ainsi dire, notre fonction dans notre société, et cette société parmi les sociétés, et les sociétés dans la nature : ainsi saurons-nous mieux d'où nous venons, où nous allons, où nous en sommes ; et cette sorte de sentiment sociologique vivifiera tous nos enseignements.

Mais peut-être craindra-t-on, au premier abord, qu'à mesurer ainsi la place de l'école dans la vie, et à confronter le système pédagogique avec l'ensemble du système social, nous ne soyons découragés par l'étroitesse relative de notre cercle d'action ?

À en croire l'opinion publique, tout au moins l'opinion contemporaine, ce cercle serait immense. L'école n'a-t-elle pas été présentée, là comme la grande organisatrice de la victoire, et ici comme la grande pourvoyeuse du crime ? Tous les partis ne répètent-ils pas que celui qui tient l'école tient la société tout entière ? On croirait, à lire certains articles ou certains discours, que la question sociale n'est en son fond qu'une question d'enseignement.

Il est vraisemblable que la philosophie sociale commencera par limiter, en effet, cette conception trop large de notre rôle. Superposer une nature sociale aux natures individuelles, façonner

Célestin Bouglé

méthodiquement les âmes encore jeunes suivant un idéal commun, tel est le but que la société poursuit dans les écoles. Et, pour atteindre ce but, de quels moyens permet-elle aux maîtres de se servir ? De quelques sanctions sans doute, et de l'exemple, de la crainte ou de l'amour, mais enfin et surtout de l'enseignement proprement dit. L'instrument normal du maître, c'est la parole, et c'est surtout à travers l'intelligence qu'il doit atteindre la sensibilité et la volonté. Nous pouvons donc dire qu'un système pédagogique est l'ensemble des institutions à l'aide desquelles une société essaie consciemment, et principalement par la parole, de former les idées, les sentiments et les habitudes de ses membres encore jeunes.

Mais, pour agir sur ses membres, la société n'a-t-elle donc à sa disposition que ce système ? Toute société possède au contraire divers réseaux d'institutions – domestiques, politiques, économiques, religieuses, – dans lesquelles, du berceau à la tombe, l'individu est enveloppé. Ce n'est pas seulement dans l'école, c'est au foyer, dans le temple, dans l'atelier, sur le *forum* que la société marque l'individu de ses empreintes. Et comme les passages où elle le saisit sont nombreux et variés, aussi nombreux et variés sont les procédés qu'elle emploie à son égard. Ce n'est pas seulement par la parole qu'elle le façonne ; c'est souvent par la force des lois ; c'est plus souvent encore par la force même des choses, par cet ensemble puissant et obscur d'obligations, de pressions, d'attractions, de tentations qui, parfois, sans que nous nous en doutions, et sans que personne l'ait voulu, orientent pourtant notre conduite. En analysant ainsi la puissance de telle tradition religieuse, de telle situation économique, de telle forme sociale, la philosophie sociale nous habituerait à l'idée que nous sommes comme environnés de forces invisibles qui pèsent sur nous à chaque moment de notre vie. Et, sans doute, il ne faut pas dire qu'elles modifient nos actes mécaniquement. C'est sur les âmes que la société presse. Mais du moins va-t-elle plus souvent des habitudes aux idées que des idées aux habitudes ; son action est plus souvent spontanée et inconsciente que réfléchie et consciente.

Comparons à ces poussées ou à ces pesées involontaires la parole du maître dans sa classe ; aux rares leçons de l'école opposons les leçons incessantes de la vie ; aux professeurs proprement dits, les précepteurs dont parle Helvétius, qui sont les amis, et les lectures, et la forme du gouvernement sous lequel on vit, et la condition sociale où l'on est placé, et tous les hasards de l'existence. On comprendra alors que la zone lumineuse est singulièrement plus étroite que la zone d'ombre : les petits foyers d'action consciente qui sont les écoles ne sont que des points dans la nuit, et la nuit qui les entoure n'est pas vide, mais pleine et d'autant plus inquiétante ; ce n'est pas le silence et l'immobilité du désert, mais le frémissement d'une forêt peuplée.

Mais, dira-t-on, à nous savoir ainsi entourés, ne risquons-nous pas de perdre, avec l'idée de notre puissance, le goût même de l'action ? Si je sais de science certaine à combien de forces inconscientes mon effort conscient va se heurter, et que je vais trouver tant de lois debout sur le chemin de mon énergie, ne serai-je pas porté à la tenir moi-même et d'avance à l'attache ? Ainsi, élargir en moi la connaissance scientifique des « nécessités » historiques, ce serait rétrécir en moi le sentiment de ma liberté. Ainsi le progrès des sciences, et en particulier des sciences sociales, pourrait détendre le ressort intime de la conscience.

Demandons-nous donc, en restant sur le terrain de la pratique, quelles conditions sont nécessaires pour que je sois incité à tendre mon activité réfléchie. Il faut, nous semble-t-il, et aussi il suffit que je reste persuadé que cette activité produira un résultat, si modeste qu'il doive être, et, si peu que ce soit, changera quelque chose au mouvement spontané du monde. Mais, pour qu'on pût m'enlever cette persuasion, et me prouver péremptoirement que le cri que je vais pousser n'éveillera pas d'écho, que le grain que je vais lancer séchera sur le roc stérile, quelles conditions seraient nécessaires à leur tour ? Il y faudrait une science capable de prévoir, dans leur dernier détail, les résultantes des forces innombrables qui concourent an mouvement universel. L'inefficacité de mon effort ne pourrait en un mot être calculée que par une science totale.

Or, avons-nous besoin d'ajouter que notre science n'est pas totale ? que, sans doute, elle ne le sera jamais, s'il est vrai que l'univers est infini ? qu'en tous cas les sciences sociales sont à mille lieues de cet état idéal ? Les lois que l'économie politique, la science du droit, la morphologie sociale ont pu établir jusqu'ici, à force d'abstractions isolantes, ne se présentent comme vraies que sous toutes réserves, et toutes choses égales d'ailleurs. Elles prétendent exprimer des tendances bien plutôt que des nécessités. Et elle aura beau relever toutes ces tendances, la philosophie sociale n'est nullement de taille à dire aujourd'hui à l'action sociale « Tu n'iras pas plus loin ». C'est pourquoi allons sans crainte et enseignons le monde. Nul ne peut prédire aujourd'hui ce qui germera demain dans notre sillon.

S'il est, d'ailleurs, un sentiment auquel la philosophie sociale nous habituera, précisément parce qu'elle rassemble et confronte les résultats des sciences sociales particulières, c'est celui de la pluralité et de la diversité des forces qui concourent au mouvement des sociétés. Ce mouvement ne nous apparaîtra nullement comme le produit d'une force unique et mécanique. Une philosophie sociale vraiment critique et synthétique n'a rien de commun avec cette espèce de matérialisme fataliste qu'on nous présente quelquefois comme le dernier mot de la science sociale. En mettant le système pédagogique à sa place dans l'ensemble, au milieu des systèmes domestique ou politique, économique ou religieux, elle nous rappelle qu'il n'est pas « tout ». Mais elle n'insinue aucunement qu'il n'est « rien ». Et il s'ensuit que nous pouvons assurément faire « quelque chose ».

Dira-t-on que ce sentiment ne suffira pas pour dresser et soutenir notre énergie méthodique ? Certes l'aveuglement de l'enthousiasme est un excitant précieux. Mais combien dangereux aussi, surtout lorsqu'il s'agit de produire non pas seulement un sursaut, un élan momentané, mais l'application réfléchie de toute une vie ! Celui qui part en guerre en croyant qu'il va tout abattre et tout conquérir risque de se trouver, au premier obstacle, désarçonné, désemparé, désenchanté. J'ai plus de confiance en celui qui, ayant mesuré les difficultés, sait qu'on ne prend pas le monde en un jour. Ma liberté ne demande pas à bondir jusqu'à la lune, mais à faire un pas sur la terre. Il me suffit, pour donner mon âme à l'œuvre d'enseignement, de savoir que cette œuvre peut produire dans la société, non certes un changement, à vue, instantané et absolu, mais des progrès graduels.

*

**

Il est donc faux que la philosophie sociale, en nous replongeant en quelque sorte dans le courant de l'histoire, doive fatalement éteindre en nous le sentiment de notre puissance : et l'on peut soutenir, au contraire, qu'elle avivera heureusement le sentiment de notre responsabilité. Ces efforts conscients et méthodiques que les sociétés nous chargent de faire pour préparer leurs membres à la vie, elle nous rappelle que ce sont, dans la réalité sociale, choses relativement rares ; nous devons en conclure que ce sont choses infiniment précieuses. Beaucoup de forces, nous dit-elle, sont capables de contrecarrer celles dont on nous a remis le maniement : manions donc celles-ci avec d'autant plus de scrupule ; tâchons, en cherchant leur meilleur point d'application, d'en obtenir le rendement maximum. La société marche le plus souvent dans la nuit : élevons donc le plus haut, afin qu'elle rayonne le plus loin possible, la lumière qu'elle nous a confiée.

Ainsi la philosophie sociale nous invite à nous souvenir sans cesse que nous ne sommes pas seulement, dans nos écoles, des individus formant des individus : nous représentons, nous sommes vraiment la société, la société d'aujourd'hui préparant la société de demain. C'est dire que nous ne devons pas tenir uniquement compte, pour la direction de notre enseignement, des besoins et des tendances de l'individu. « Au-dessus de l'individu, observe justement M. Fouillée [1], ne faut-il pas considérer la société et plus particulièrement la nation ? C'est ce qu'on néglige de faire. On a les yeux tournés vers l'intérêt des individus ou vers leur culture personnelle, littéraire et scientifique. On oublie de les remettre par la pensée dans le grand organisme spirituel dont ils seront les membres, d'y déterminer leur fonction vraie, et d'en déduire enfin le mode d'éducation qui leur convient. »

C'est ici qu'apparaît nettement le plus éminent service que pourra nous rendre la philosophie sociale. Car il est clair que si nous devons tenir compte, pour la direction de notre enseignement, des besoins et des tendances de la société même, encore faut-il que nous nous efforcions de déterminer ces tendances et ces besoins autrement que par nos préférences personnelles. Ce grand « organisme spirituel » dont on nous parle, il importe que nous l'ayons observé avec quelque attention pour être à même de répondre à ses besoins

---

1 *Les Études classiques et la Démocratie*, p. 220.

Célestin Bouglé

essentiels. Si nous voulons voir se dessiner les tendances et se préciser l'idéal du groupe que nous devons servir, il ne nous suffira pas de rentrer en nous-mêmes et de nous replier, comme on dit, sur notre conscience : il nous faudra nous pencher avidement sur les réalités sociales, et comparer avec d'autres groupes, passés ou présents, le groupe auquel nous appartenons, afin de mieux déterminer sa place clans le monde et sa fonction dans l'évolution humaine.

En développant devant nous la carte que les sciences sociales sont en train d'établir, la philosophie sociale est capable non seulement de munir nos esprits, mais, ce qui est plus précieux encore, d'orienter nos consciences.

Célestin BOUGLÉ.

Avant-propos

Qu'est-ce que la sociologie ? C'est par l'action qu'il faudrait répondre. Entendons : par des productions sociologiques. Le moindre grain d'induction positive ferait mieux notre affaire, dira-t-on, que cent boisseaux de dissertations abstraites. Nous ne l'ignorons pas. Nous avons collaboré, pour notre part, sous la direction de M. Durkheim, à l'œuvre d'organisation progressive entreprise par *l'Année sociologique*.

Mais on se rappelle le mot fameux : « Une heure de synthèse suppose des années d'analyse ». L'induction sociologique exige de longues recherches historiques. En attendant, la discussion méthodologique continue. Entre « historiens-historisants » et « historiens-sociologues », entre défenseurs de l'individuel et chercheurs de l'universel en histoire, jamais la querelle n'a été plus vive ni plus confuse que depuis ces dernières années.

Nous rassemblons, pour les verser aux débats, quelques-uns des articles où nous avons essayé, pour les non-initiés, de préciser les thèses qui séparent les professionnels, Nous espérons que, telles quelles, ces discussions et ces analyses contribueront à dissiper les nuages qui entourent encore, aux yeux de beaucoup de gens, le « point de vue » sociologique.

Célestin Bouglé

Chapitre I

Sociologie et psychologie [1]

Soit une petite ville. Pour fixer les idées, appelons-la Saint-Pol. Supposons que je l'habite et que j'y veuille pratiquer la science à la mode : quelles perspectives Saint-Pol offre-t-elle à des yeux de sociologue ?

Faisons un rapide « tour de ville » ; nous percevons déjà entre les habitants comme un air de famille, par exemple des façons analogues de traîner la voix en parlant. Entrons en conversation avec l'un et avec l'autre, avec Jean et avec Pierre ; des parentés se trahiront non pas seulement entre leurs accents, mais entre leurs sentiments : une même admiration de leur cathédrale, de leur bassin à flot, une même jalousie à l'égard de Saint-Martin, la ville rivale, et, à l'égard du Parisien, ce même mélange singulier de mépris et de respect. Faisons nos visites d'arrivée aux vieilles familles du pays : au milieu du coq-à-l'âne des conversations, nous pourrons saisir un même culte ou une même terreur des mêmes idées, une même curiosité des mêmes détails, – insinuations analogues, indignations parentes, silences aux mêmes endroits. C'est l'esprit « saint-polais » qui nous apparaît. En un mot, nous aurons vite fait de sentir, au contact des individus, l'unité de la ville ; cet ensemble de traits communs à ses habitants, qui la distingue des autres villes, nous pourrons l'étudier à part ce sera déjà faire œuvre de sociologue.

Mais, aussi bien que les ressemblances qui les unissent, les différences qui séparent les Saint-Polais nous offriront des objets d'étude. Énumérons les passants que j'ai aperçus cette après-midi, avec les épithètes que je leur ai attribuées. Deux hommes en bras de chemise, les mains blanches de plâtre : des « ouvriers ». Puis un homme vêtu de bleu et de rouge, avec des boutons de cuivre et des gants blancs, l'air à la fois désœuvré et inquiet : je l'ai qualifié (le « militaire ». Puis un « monsieur » avec un chapeau haut de forme : un « homme du monde ». Deux vieilles femmes, vêtues de noir, parlant bas et marchant sans bruit; j'ai pensé : « quelques vieilles dévotes ». Puis une vision fugitive, un dos courbé, des roues :

---

1 *Revue de Paris* du 1er août 1897.

« bicycliste ». Enfin tout un vacarme de gens qui soufflent dans des choses en cuivre, une bannière en velours au milieu d'eux : « orphéon ».

– Orphéonistes, bicyclistes, dévotes, hommes du monde, militaires, ouvriers, voilà donc, pêle-mêle, au milieu de la rue, les épithètes que j'ai décernées à mes concitoyens. Que signifient-elles ? Que je classe les individus en autant de sociétés. J'ai distingué mes passants les uns des autres en les assimilant à ceux avec lesquels des liens d'ailleurs bien différents les unissent, – communautés de travaux ou de manières, d'exercices ou de plaisirs, de pratiques ou de goûts. Ainsi me sont apparus quelques-uns des innombrables cercles qui s'entrecroisent dans le cercle, étroit pourtant, de Saint-Pol.

Que, d'ailleurs, les individus ainsi classés ne soient pas seulement des exemplaires de ces classes, que la qualité de militaire ou de bicycliste n'épuise pas toutes leurs qualités, cela va de soi. Ils n'appartiennent pas à un seul cercle social, mais à plusieurs, qui se pénètrent : on peut être bicycliste, sinon orphéoniste, en même temps qu'homme du monde : il y a longtemps qu'on a remarqué que, pour être militaire, on n'en est pas moins homme. Il est rare qu'un individu ne ressortisse qu'à une société. Peut-être trouverait-on, en remontant jusqu'au déluge, un membre de tribu qui ne serait que membre de sa tribu, sans plus. Mais le progrès de la civilisation multiplie les groupes dont les individus dépendent ; et il semble que plus on est civilisé, plus on compte de ces dépendances. De combien de sociétés notre homme du monde ne fait-il pas partie, depuis l'Église dont il est un fidèle jusqu'à la Société d'Émulation dont il est le secrétaire, depuis la famille dont il est le père jusqu'à l'armée dont il est un soldat ?

En même temps que le nombre infini, cette revue rapide nous laisse apercevoir l'infinie diversité des sociétés. Il y en a d'éphémères, comme celles qui réunissent des voyageurs autour d'une table d'hôte, et il y en a de séculaires, plus vieilles que les cathédrales où elles réunissent leurs croyants ; il y en a d'étroites, comme celles des orphéonistes de Saint-Pol, et il y en a de larges, unissant, par-dessus les montagnes et par delà les mers, les classes ouvrières ou les corps savants. Cercles immenses ou minuscules, cercles rigides ou fluides, cercles de fumée, aussitôt évanouis que

Célestin Bouglé

formés, cercles de pierres, scellés par les mains des prêtres, cercles de fer, forgés par les mains des guerriers, cercles de fleurs, tressés par les mains des poètes, les liens sociaux revêtiront à nos yeux les apparences les plus variées.

Par quelles propriétés communes, malgré cette variété d'apparences, sont-ils tous également objets de la sociologie ? C'est ce qu'il faut d'abord discerner.

Poserez-vous, pour être sûrs d'englober les différents échantillons des sociétés que vous avez aperçus, qu'une société existe partout où se trouvent des individus assemblés ? Cela dépend de ce qu'on entend par « assemblés ». Voulez-vous dire seulement des individus « juxtaposés », et par exemple, assis par hasard les uns à côté des autres dans une diligence ? Cette juxtaposition ne suffit pas à constituer une société. Si elle n'a rien changé à l'état d'esprit des individus, et que chacun d'eux continue de penser comme s'il était seul, alors la psychologie individuelle suffit à expliquer ce qui se passe en chacun d'eux ; la sociologie n'a rien à faire ici.

Mais qu'un incident quelconque, l'apparition d'une escopette calabraise, ou simplement la vue d'une diligence rivale fasse battre les cœurs à l'unisson, tende les pensées vers une même fin, organise les activités, alors une société est née. Des phénomènes nouveaux se sont dégagés du contact des individus. Ainsi, suivant Claude Bernard, quand on réunit des éléments physiologiques, on voit apparaître des propriétés qui n'étaient pas appréciables dans ces éléments séparés. En un mot, la société manifeste son existence par les phénomènes dont l'individu est le théâtre sans en être, dirait un philosophe, la raison suffisante. La coupe de la redingote de notre homme du monde, comme le tour de ses pensées, ce n'est pas lui, mais bien plutôt le « monde » qui en décide, Le motif des exercices auxquels notre soldat est soumis, nous ne le trouvons pas dans les sentiments qui lui sont particuliers, mais dans les besoins de « l'Armée ». Seule enfin l'existence de « l'Église » donne un sens aux processions de nos dévotes. La plupart de nos façons d'agir n'ont, ainsi, de raison d'être que dans et par la société. Les passants de ma rue ne s'habilleraient pas, ne marcheraient pas, ne sentiraient pas, ne penseraient pas comme ils pensent, sentent, marchent et s'habillent, s'ils n'étaient ouvriers ou orphéonistes, hommes du monde ou militaires. C'est-à-dire que, pour m'expliquer leurs qualités, extérieures ou intérieures, j'ai dû me demander quels rapports ils soutiennent avec d'autres individus. Qu'il s'agisse d'une église ou d'un club, d'une famille ou d'une armée, ces rapports prouvent, par les modifications qu'ils imposent aux individus, leur réalité propre.

Que ce soit émotion passagère ou influence durable, règle expressément formulée ou seulement sentie, obligation ou imitation, amour ou haine, partout où, de la coexistence des individus, si peu nombreux qu'ils soient, naissent des phénomènes nouveaux, et qui ne fussent pas nés sans cette coexistence, un champ est ouvert à la sociologie ; je puis étudier à part les phénomènes proprement sociaux.

Voilà bien, dira-t-on, l'ambition sociologique ! Étudier la société à part. En dehors des individus, sans doute ? Mais, en dehors des hommes du monde, montrez-nous « le monde » ! Les soldats ôtés, où est « l'armée » ? Sans les fidèles, qu'est-ce que « l'Église » ? Mythologie, mysticisme, littérature ? Et, sans aucun doute, c'est chimère que de chercher une société *en soi*, une société en l'air, si l'on peut dire, qui aurait son siège ailleurs que dans les consciences particulières. Mais la sociologie n'a nul besoin, pour se constituer, de créer cet être inconnu. Les individus sont-ils seulement réunis par des rapports constants que leur individualité ne suffit pas à expliquer ? C'en est assez pour l'activité des sociologues. « L'armée » n'est pas en dehors des soldats, et cependant, tandis que les soldats se renouvellent, l'armée garde ses lois, ses mœurs, son esprit même. « Le monde » a beau n'exister nulle part : ses conventions débordent, pour ainsi dire, chacune des personnes qui les supportent, et comme elles l'ont précédée, elles lui survivent. Les fidèles meurent, « l'Église » demeure. C'est dire que, tandis que les individus qu'ils unissent changent, certains rapports sociaux peuvent rester les mêmes. De même donc que je puis, abstraction faite de leurs différentes matières, – or ou marbre, granit ou chêne, – décrire, comparer, classer les formes de différentes statues, de même je puis, abstraction faite des différences propres aux individus, décrire, comparer, classer les rapports qui les relient : ce seront les « formes sociales ».

Dans le genre ainsi défini, il faudra retrouver les espèces. Et cette recherche pourra partir de la considération des caractères les plus extérieurs, les plus superficiels à première vue.

Par exemple, puisque toute société consiste en un rapport entre des unités, ne devons-nous pas, tout d'abord, faire entrer le nombre de ces unités en ligne de compte ? La distinction entre grandes et petites sociétés est plus féconde qu'on pourrait croire, et plus facile à oublier : combien d'erreurs théoriques ou même de fautes pratiques n'a-t-on pas commises en assimilant, au mépris de cette distinction, une politique de nation à une politique de cité, ci, par exemple, en cherchant pour la France des modèles dans les républiques antiques ? La quantité, des individus en présence, en augmentant la quantité de leurs combinaisons possibles, multiplie la complexité des rapports sociaux. La question de nombre est donc essentielle.

De même la question de temps. En matière de rapports sociaux, il n'est pas juste de dire que le temps ne fait rien à l'affaire. On comprend qu'une société nouée pour une heure autour d'une table d'hôte ne puisse guère tendre entre ses membres que des liens ténus et fragiles. Opposons à cette société d'un jour une société durable : elle survit aux individus qui naissent, vivent et meurent en quelque sorte entre ses bras ; elle fait coexister, suivant le mot cent fois cité d'Auguste Comte, les morts avec les vivants ; elle se crée des organes et adapte à ses besoins jusqu'au monde extérieur ; les liens qu'elle impose sont presque infrangibles, parce qu'elle a eu les siècles pour les tisser.

De même, quelle importance n'a pas la similitude ou la diversité des unités qu'une société englobe ! On comprend que les rapports sociaux pourront prendre des formes très différentes, suivant que les individus en rapport seront de mêmes races, de mêmes nations, de mêmes métiers ou, au contraire, de métiers différents, de nations hostiles, de races irréductibles.

De même encore, les individus appartiennent-ils tout entiers à la société, comme on appartenait à certaines corporations du moyen âge, ou ne lui appartiennent-ils que par certains côtés de leur activité, comme on appartient à un club ? Dépendent-ils d'une société unique, comme le sauvage de son clan, ou de plusieurs à la fois, comme l'ouvrier de son corps de métier, de sa famille, de sa patrie ? Leur société est-elle inorganisée, comme une réunion

Chapitre I

électorale, ou organisée, comme un régiment ? Cette organisation les subordonne-t-elle ou les met-elle sur un pied d'égalité? – De toutes ces questions dépendent et la quantité et la qualité des rapports sociaux.

En un mot, une société m'étant donnée, je devrai, pour la spécifier méthodiquement, me demander, par exemple, si elle est grande on petite, durable ou momentanée, homogène ou hétérogène, totale ou partielle, organisée ou inorganisée, hiérarchique ou égalitaire, etc. Et, sans doute, bien d'autres espèces de sociétés peuvent être distinguées. Celles que nous avons rapidement assemblées suffisent à nous donner une idée d'un monde de formes non moins riches et non moins complexes que les formes végétales, – le monde des *formes sociales.*

*
**

Mais une science ne saurait se contenter de classer des formes : elle veut découvrir, entre certains phénomènes donnés, certaines relations constantes, et prouver que les uns varient en fonction des autres. C'est ce que la sociologie pourra tenter d'établir en observant les *conséquences* des formes qu'elle aura classées.

À vrai dire, si l'on voulait décrire dans l'ensemble, par de larges traits, l'influence que la société en général exerce sur l'homme, on risquerait d'obtenir des esquisses, majestueuses sans doute, mais peu précises. Pour qu'une pareille influence pût être mesurée avec quelque exactitude, il faudrait que des hommes nous fussent donnés en expérience, qui n'auraient jamais vécu en société : ce qui manquerait à ces êtres d'exception nous permettrait d'estimer ce que la société donne aux autres. Mais, après bien des théories, on s'est avisé de ce fait, que jamais l'homme réellement isolé ne s'était présenté à l'observation. Essaiera-t-on de réaliser artificiellement, pour l'amour de la sociologie, cet individu solitaire que la nature ne lui fournit pas ? Quelque religion qu'elle ait pour les sciences, et en particulier pour les sciences qui la prennent pour objet, l'humanité n'a pas encore autorisé cette expérience-là. Il y faudrait un nouveau Psammétik. Et encore l'expérience serait-elle loin d'être concluante : fût-il séquestré dès sa naissance, que serait cet individu artificiellement isolé, sinon le produit de mille générations d'individus naturellement associés ?

Ce que l'observation refuse, force serait donc de le demander à la spéculation. Elle pourrait soutenir avec vraisemblance, par exemple, que « l'âme est fille de la cité ». Mais, apparemment, quelque puissance qu'on attribue à l'association, on ne croira pas sans doute qu'il suffise d'établir certains rapports entre des êtres inanimés pour leur donner une âme. Le sociologue métaphysicien nous répondra peut-être : « Les rapports qui associent ne sont point des rapports purement extérieurs, qui ne font que juxtaposer des corps, mais des rapports en quelque sorte intérieurs, qui mettent les esprits en communication. » Alors ils présupposent donc les esprits, bien loin qu'ils les créent. – Il ne faut donc pas dire que la société crée les facultés des individus, mais seulement qu'elle les modifie. C'est par l'observation analytique de quelques-unes de ces modifications qu'il sera prudent de commencer. En un mot, laissant à la métaphysique ou, du moins, réservant pour la fin de la science la détermination de l'influence totale de la société en soi, nous nous contenterons de constater d'abord que, partout où certaines formes sociales sont données, les différentes activités qui se réalisent à travers elles se trouvent modifiées en conséquence.

Observons les phénomènes dans lesquels les différentes activités des hommes se manifestent et s'incarnent en quelque sorte, – richesses, usages, monuments et codes, dogmes et poèmes, – nous pourrons y retrouver la marque des différentes formes sociales, et, par exemple, du nombre des individus ou de leur hétérogénéité, du degré ou de la qualité de leur organisation. En un mot, nous pourrons prouver que les phénomènes économiques aussi bien que juridiques, moraux aussi bien que religieux ou esthétiques, varient en fonction des formes de la société.

Par exemple, combien de traits de la vie économique à Saint-Pol s'expliquent par son caractère de « petite ville » ! Le travail y est peu divisé entre les artisans : on n'y distingue pas ébéniste et menuisier, savetier et cordonnier, voire forgeron et serrurier. Les commerçants y sont peu spécialisés : beaucoup vendent « un peu de tout ». D'ailleurs, dans bien des cas, ils sont remplacés par les producteurs qui viennent, aux jours consacrés, étaler leurs produits sur la grande place. Que signifient ces phénomènes, sinon que les besoins à satisfaire ne sont ni assez nombreux ni assez variés pour « différencier » les producteurs entre eux, les intermédiaires entre eux, ou même, quelquefois, pour exiger une distinction entre intermédiaires et producteurs ? Le nombre des consommateurs est la condition des économies de temps et d'espace, de capitaux et de travail qui caractérisent la grande industrie, et c'est pourquoi, entre ses formes et cette forme sociale qui est la densité d'une population, ou pourra découvrir des relations constantes.

Que les variations de la densité des sociétés aient entraîné plus d'une transformation de la production économique, les preuves historiques n'en manquent pas. Un texte irlandais du IXe, siècle désigne déjà, expressément, l'accroissement du nombre des familles comme la cause du passage de la propriété collective à la propriété, privée. N'a-t-on pas dit du communisme qu'il pouvait convenir aux petites sociétés, non aux grandes ? L'intérêt pris par chaque individu au produit commun diminuant proportionnellement à l'accroissement du nombre des partageants, la seule extension de l'association communiste en relâche et énerve en quelque sorte le ressort. Fourier fixait à quinze cents le nombre maximum des membres de son phalanstère : c'est qu'il avait senti, sans doute, les liens étroits qui font dépendre les formes de la production de la quantité des unités sociales.

Ferait-on entrer en ligne de compte non seulement leur quantité, mais leur hétérogénéité, ou leur organisation : des relations analogues apparaîtraient. Par exemple, les principales différences entre l'économie de la famille et celles de la cité ne tiennent-elles pas à ce qu'il s'agit de pourvoir aux besoins, là d'unités relativement homogènes, liées par le sang, unies dans l'ordre patriarcal et distinguant à peine leurs intérêts privés des intérêts communs ; ici d'unités relativement hétérogènes, déjà plus conscientes de leurs intérêts privés que des intérêts communs, et tendant à substituer le *contrat* au *statut* ? De même, ne sait-on pas, non seulement ce que la qualité, mais ce que la faiblesse ou la force, l'instabilité ou la stabilité de l'organisation sociale donnent ou retirent à la vie économique ? Si la culture agraire en Grèce, aux époques primitives, est restée superficielle, n'est-ce pas faute d'une organisation sociale qui pût assurer au cultivateur, en pleine sécurité, la propriété de ses terres

Célestin Bouglé

et de leurs produits ? – Et il ne faut pas croire que les relations entre les transformations de l'économie et les formes de la société soient toutes aussi simples, ou aisées à percevoir. En réalité, on les oublie perpétuellement. Un économiste, M. Karl Bücher, prouvait récemment que la plupart des phénomènes économiques qui nous sont familiers, crédit, capital, commerce proprement dit, supposent l'existence de groupes très larges d'unités hétérogènes, organisées, centralisées, et que la plupart des erreurs de l'économie politique consistent dans l'application de certaines catégories économiques à des époques où leurs conditions d'existence, à savoir certaines formes sociales, ne sont pas encore apparues.

Les catégories juridiques sont soumises à des dépendances analogues. Plus clairement encore que les transformations de l'économie, les transformations du droit révéleront les influences de la quantité, par exemple, ou de l'hétérogénéité des unités associées. – Les historiens n'ont-ils pas noté cent fois l'action exercée par l'extension de Rome, non seulement sur les réalités politiques, et, par exemple, sur les pouvoirs de moins en moins efficaces du corps des citoyens, mais sur les idées juridiques, et, par exemple, sur les droits de plus en plus nombreux accordés à l'individu ? Le nombre croissant des individus, d'une part, et, d'autre part, leur variété croissante, l'affluence des gens de toutes races, tissaient entre les habitants de Rome une quantité de relations sociales que le droit ancien n'avait pas prévues. Il fallut que les arrêts des préteurs réglassent au jour le jour tous ces rapports « hors la loi » ; et lorsque ces arrêts, que leur rôle même empêchait d'être exclusifs et traditionnels, eurent pris force de loi à leur tour, un droit romain se trouva constitué, sous la pression des circonstances sociales, plus large, plus souple, et en quelque sorte plus humain, comme préparé pour la conquête des peuples.

Notons, d'ailleurs, que les peuples qui le subirent ou l'adoptèrent n'obéirent pas à la seule force ou au seul prestige de Rome : les circonstances sociales les préparaient, de leur côté, à la venue du droit romain. Par exemple, si les Germains, après avoir envahi la Gaule, acceptèrent aisément son influence, c'est que l'unité et l'homogénéité de la famille germaine, soutien des vieux droits coutumiers, s'était le plus souvent rompue dans l'invasion même. De même si, au moyen âge, le droit romain entra dans les villes allemandes, il faut reconnaître que les circonstances sociales lui ouvraient les voies : la multiplicité des relations que le commerce, en particulier, commençait à tendre d'un bout de l'Allemagne à l'autre, ne faisait-elle pas sentir l'insuffisance des droits locaux ?

De l'influence de ces relations sur le droit, les colonies grecques offrent des exemples encore plus typiques. Curtius remarque qu'elles sont moins exclusives et plus progressives que les métropoles, qu'elles arrivent plus vite à la constitution d'un droit écrit, plus individualiste en quelque sorte et plus égalitaire. Elles sont des sociétés neuves, formées par l'action rapide et consciente d'éléments hétérogènes : d'où la rareté des traditions communes, d'où la nécessité d'un droit écrit. Ce sont des êtres de familles et même de races différentes, et le plus souvent détachés de leurs familles et de leurs races ; ce sont des individus et non des groupes que ce droit trouve en présence : d'où son caractère individualiste. Enfin, entre ces individus qu'il organise, la concurrence, moins gênée par la coutume, est plus féconde, les richesses sont plus mobiles, les distinctions plus vite effacées : d'où son caractère égalitaire. En un mot, la plupart des caractères particuliers du droit dans les colonies grecques s'expliquent par les formes sociales qui leur sont particulières. – D'une façon plus générale, Schmoller n'a-t-il pas pu soutenir que toutes les révolutions modernes, c'est-à-dire tous les efforts pour constituer un droit de plus en plus égalitaire, sont les suites de la révolution qui, au XIIIe siècle, unit les hommes dans les villes, et fit, d'un peuple de paysans, un peuple de « citoyens » ? Qu'est-ce autre chose que de chercher l'origine des plus importantes transformations du droit dans la « ville », soit dans une synthèse de formes sociales élémentaires ?

Pour être moins aisément observables, les transformations que les mœurs doivent aux formes sociales ne sont pas moins profondes, et l'expérience de tous les jours en donne au premier venu le sentiment plus ou moins vague. Ne disons-nous pas couramment que Saint-Pol a des « mœurs de petite ville » ? Et, en effet, le petit nombre des habitants n'explique-t-il pas comment ils se connaissent tous, comment ils surveillent réciproquement leurs faits et gestes, comment les moindres incidents de la vie des particuliers peuvent devenir, pour la ville entière, des « événements » ? N'est-ce pas un fait d'expérience que, plus un groupe est étroit, plus les prescriptions qu'il adresse aux individus sont nombreuses, détaillées, pressantes ? Le seul élargissement du groupe ne le force-t-il pas de borner ses exigences à des règles plus générales et plus abstraites ?

De même, le nombre comme la nature de ces règles varie suivant que l'individu appartient tout entier, corps et âme, à la société qui les formule, ou appartient à plusieurs sociétés en même temps. En ce sens, on pourrait soutenir que l'accroissement du nombre des sociétés dont l'individu fait partie le libère en quelque sorte de chacune d'elles. C'est ainsi que l'absolutisme de la famille diminue à mesure qu'augmente le nombre des sociétés nouvelles, métier, armée, état, confrérie religieuse, dans lesquelles ses membres se trouvent engagés. Le père romain pouvant avoir à s'incliner, sur le forum, devant son fils magistrat, son attitude, dans la maison même, à l'égard de son fils devait peu à peu, par la force des choses, en être modifiée. Quand les hommes libres furent habitués à rencontrer, dans les collèges funéraires de l'empire, des esclaves présidents ou trésoriers, leurs sentiments à, l'égard de l'esclavage se transformèrent insensiblement. C'est le fait d'appartenir au royaume en même temps qu'au fief qui délivra peu à peu le vassal des obligations féodales. Ainsi les différentes sociétés dont nous dépendons limitent et parfois neutralisent réciproquement leurs influences ; si bien que la multiplicité des cercles sociaux a pu être considérée – c'est la thèse de G. Simmel – comme le facteur constitutif de l'indépendance des personnalités.

Autant et plus que leur multiplicité, l'homogénéité ou l'hétérogénéité de leurs membres, la stabilité ou l'instabilité de leur organisation colorent diversement les mœurs. Dans une société ouverte, mélangée, où des gens de races et de conditions très différentes s'entrecroisent, comme dans telle grande ville du Levant, la morale risque d'être flottante, mobile et comme relâchée ; elle sera plutôt rigide, au contraire, inflexible, et comme pétrifiée dans une société fermée, qui repousse tout élément hétérogène. L'instabilité de l'organisation sociale ébranlera les mœurs, comme à Rome après Pharsale. Son caractère démocratique les adoucira, comme à Athènes au Ve siècle. Chaque régime a sa vertu, disait Montesquieu. C'était dire que les formes sociales modèlent en quelque sorte la morale.

Elles modèlent jusqu'à la religion. Il y a des différences nécessaires entre une religion de secte et une religion d'État. Par des voies détournées, la seule extension du nombre des croyants peut agir sur les croyances, en les rendant moins particulières, moins précises, moins concrètes. Stuart Mill a remarqué que les partisans des petites sectes connaissent mieux leurs dogmes et les conservent plus pieusement que ne l'ont les fidèles des grandes communautés. Tous les historiens du christianisme ont signalé les transformations qu'il dut subir lorsqu'il unit dans son église, non plus un nombre assez restreint de disciples, mais des nations entières.

De même, considérez non plus les transformations mais les origines du christianisme : vous reconnaîtrez qu'il était préparé et comme appelé par l'état social de l'empire romain. Eusèbe, dans sa *Téophanie*, n'a-t-il pas noté, entre l'empire et le christianisme, une sorte d'harmonie préétablie ? La conquête romaine avait écrasé et nivelé les barrières qui séparaient les groupes sociaux ; en unissant leurs membres sous les mêmes lois, en les rendant égaux devant un même empereur, elle les préparait à accepter l'idée d'un Dieu unique, imposant les mêmes règles à tous les hommes. Le moment était propice pour la révélation, remarque Eusèbe : il constatait, par là même, d'étroites connexions entre les formes sociales de l'empire et les dogmes mêmes de la religion catholique.

Opposons à celle-ci la religion ou plutôt les religions hindoues, avec la multiplicité et l'inconsistance de leurs croyances : n'y reconnaîtrons-nous pas les œuvres d'une société inorganisée, anarchique, incessamment désagrégée ? L'état flottant et moléculaire de cette société, dit Sir Lyall, a empêché la consolidation religieuse. Organisez les formes sociales, vous organiserez du même coup la religion. C'est ainsi que le brahmosomajisme, sorte de déisme importé d'Europe, n'a pu s'acclimater qu'au Bengale : là seulement les classes éclairées, jouissant d'un ordre social « confortable », garanti par le gouverneur anglais on pu aisément accepter l'idée d'une Providence, d'une sorte de gouverneur divin qui veille sur l'ordre général. Sir Lyall ne doute pas que la paix anglaise, lorsqu'elle aura partout substitué, de la sorte, l'organisation à l'anarchie, n'achève le paganisme hindou. « Le ciel s'harmonise avec la terre » ; et la cité divine est faite à l'image des sociétés humaines.

Que les chefs-d'œuvre de l'art, à leur tour, soient souvent modelés

Célestin Bouglé

par les formes de la société, c'est une vérité cent fois démontrée aujourd'hui. L'état social de nos petites cours du Midi explique pourquoi la poésie de l'amour noble y est apparue ; l'état social de nos villes du XVe siècle, pourquoi le théâtre y a prospéré ; l'état social de nos salons au XVIIe siècle, pourquoi le genre « moraliste » y a fleuri. Les « facteurs sociologiques » apparaissent de plus en plus nettement comme les plus déterminants de « l'évolution des genres ».

Depuis longtemps Burckhardt, a montré tout ce que les arts plastiques doivent à la constitution des villes d'Italie, à leurs révolutions, qui mélangeaient les différentes couches de la population, à leurs tyrans, qui s'appuyaient sur le talent, à défaut de la naissance. Plus récemment, on appliquait à l'histoire de la musique les idées si souvent appliquées à l'histoire des autres arts. Dans un Oratorio de Haendel, aux variations régulières, au rythme impeccablement soutenu, on nous invite à reconnaître l'image d'une société calme, organisée en une hiérarchie acceptée de tous ; dans une suite de Schumann, au thème plus âpre, au rythme plus irrégulier, où chaque variation s'affranchit et s'emporte, l'image d'une société plus divisée, tendant presque à la désorganisation. Au principe italien de l'individualisme, père de la cantate et du récitatif, on oppose le principe allemand de la pluralité, père de la fugue, de la symphonie, du drame populaire : c'est la musique-foule, suivant les expressions d'Amiel, qui se substitue à la musique-individu, comme la démocratie à l'aristocratie. Et il est loisible de juger exagérée telle ou telle de ces affirmations : il n'en faudra pas moins avouer, si l'on considère dans leur suite la monodie antique, la polyphonie du moyen âge, la mélodie des grands siècles italiens, la symphonie moderne, que leur succession même révèle de certaines correspondances entre les formes sociales et les catégories esthétiques.

Tous ces exemples, pris au hasard de l'histoire, suffisent à donner une idée du nombre considérable de relations qu'on pourrait découvrir entre les « formes » de la société et ses « matières », entre les différents rapports qui unissent, les individus et leurs activités différentes. Une fois les formes sociales classées, étudier, sur une branche prise à part nos activités, les effets produits par leurs différentes espèces, – ou inversement, une de ces espèces étant prise à part, étudier les effets qu'elle produit sur les différentes branches de nos activités, – voilà des tâches sociologiques.

Mais admettons que ces tâches difficiles soient enfin achevées : suffirait-il donc de réunir un certain nombre d'individus, pendant un certain laps de temps, et suivant une certaine hiérarchie, pour obtenir une symphonie comme celles de Beethoven ou des dogmes comme ceux du christianisme ? Bien plus, l'histoire ne rencontre-t-elle pas des sociétés également denses ou également hétérogènes qui ne jouissent cependant pas de droits, de mœurs, d'économies absolument semblables ? Il serait étonnant qu'il en fût autrement : bien des influences, toutes celles de la nature d'un côté, toutes celles de l'esprit de l'autre ne sont-elles pas capables tantôt de seconder, tantôt aussi de contrarier l'influence des formes sociales ?

Sans doute, mais la constatation de ces « interférences » n'est pas faite pour rebuter la sociologie : chaque science ne se contente-t-elle pas d'étudier un côté des choses ? Tocqueville, qui faisait de la sociologie avant la lettre, prenait la précaution de rappeler, au moment d'analyser l'influence de l'égalité sur la vie américaine tout entière, qu'il était loin de tenir l'égalité pour l'unique cause de tout ce qui arrive en Amérique. « Je n'ai pas entrepris, ajoutait-il, de montrer la raison de tous nos penchants et de toutes nos idées ; j'ai seulement voulu faire voir en quelle partie l'égalité avait modifié les uns et les autres. » Ainsi la sociologie n'entreprend pas de montrer la raison de tous les phénomènes historiques, elle veut seulement faire voir en quelle partie les formes sociales les modifient. Elle reconnaîtra volontiers que de nombreuses causes, matérielles ou idéales, concourent aux transformations de la société, car elle borne son ambition à connaître systématiquement une d'elles. En un mot, elle ne prétend pas être, à elle seule, la philosophie de l'histoire ; elle voudrait être, plus modestement, une science sociale.

*

**

Pour mériter ce titre, il ne faudra pas, sans doute, qu'elle se contente de montrer les *conséquences* des formes sociales, il faudra

Célestin Bouglé

encore qu'elle en découvre les *causes*.

À vrai dire, essayer de fixer les causes de la société en général, ce serait risquer de s'enfermer dans des hypothèses invérifiables. Il faudrait pouvoir saisir un moment de l'histoire où la société n'existerait pas encore ; alors seulement, assistant en quelque sorte à sa genèse, il nous serait loisible de noter les antécédents nécessaires à son apparition. Et sans doute des sociétés se créent en quelque sorte sous nos yeux, – compagnies financières, armées, associations charitables, – dont nous pouvons observer la formation et discerner les éléments constituants. Mais ces éléments eux-mêmes, une longue vie sociale les a façonnés ; ces sociétés nouvelles ne sont sans doute possibles que grâce aux facultés acquises par les individus dans les sociétés anciennes ; nous risquerions, par suite, en généralisant le résultat de ces observations actuelles, de traiter comme causes premières de la société des phénomènes qui en seraient bien plutôt des effets.

Force serait donc, pour découvrir les causes véritables, de remonter jusqu'à l'origine première des sociétés : c'est-à-dire, puisque cette origine échappe forcément à l'observation, que nous en sommes réduits, ici encore, à la spéculation. Notre attention est-elle attirée surtout par ce qui, dans la société, « se fait tout seul », ou par ce qui, dans la société, est « fait exprès » ? Dans le dernier cas nous penchons vers le rationalisme ; dans le premier, vers le naturalisme sociologique. Celui-ci représente avec vraisemblance toute société comme un organisme raffiné, pendant que celui-là, dans toute société, retrouve un contrat sous-entendu. L'expérience peut difficilement décider entre ces théories. Peut-être ici encore, à l'exemple de la plupart de ses aînées, la sociologie doit-elle simplement laisser à la métaphysique, ou réserver du moins pour la fin de la science, les questions d'origine, et prendre la société comme donnée. La société étant donnée, quelles forces modifient ses formes ? Voilà des questions auxquelles on peut répondre par l'observation.

Des forces d'ailleurs très différentes se montrent capables de pareilles modifications, forces qu'on peut appeler naturelles ou physiques, comme la race ou le sol ; forces qu'on peut appeler psychologiques, comme les besoins, les sentiments, les goûts, les idées.

Chapitre I

L'idée de la race a longtemps dominé l'histoire, et il n'est pas étonnant, après qu'on a essayé d'expliquer presque tous les grands événements historiques par l'antagonisme des races, qu'on essaie d'expliquer par la différence des races la différence des formes sociales. La. différence qui sépare les institutions de Sparte des institutions d'Athènes n'a-t-elle pas été souvent attribuée à la différence qui sépare la race dorienne de la race ionienne ? N'a-t-on pas distingué encore, pour rendre compte, en gros, des traits qui opposent les formes sociales d'Orient aux formes sociales d'Occident, des races passives, prédestinées à la subordination, et des races actives, prédestinées à l'égalité ? Que de gens, enfin, ont répété que les Germains avaient rapporté à l'Europe, avec leur sang, pour ainsi dire, l'idée du droit individuel et de la liberté !

Et, sans doute, il y a lieu de limiter la valeur de ces considérations ethnographiques. Il est aisé de reconnaître que, chez des races très différentes, des formes sociales analogues peuvent prospérer, ou, réciproquement, des formes sociales opposées chez des races parentes. Bien plus, dans une même société, des individus de sangs très différents peuvent se trouver étroitement unis. Déjà la famille compte bien d'autres liens que les liens physiques ; souvent, dès la plus haute antiquité, la parenté n'y est que fictive, et ce sont des croyances communes et des intérêts communs qui, bien plutôt qu'une commune généalogie, en constituent la véritable unité. *A fortiori* la nation se libère-t-elle, et de plus en plus, des nécessités ethniques ; elle rassemble et fond dans son creuset les races les plus diverses, et les distinctions qu'elle établit entre ses membres sont loin de correspondre toujours et partout aux distinctions de sang. En Angleterre, sous Henri II, les légistes déclaraient déjà impossible de distinguer un Anglais d'un Normand. En Gaule, on sait maintenant avec quelle rapidité singulière les races germaine, celtique et latine se confondirent. Sous l'analyse de Fustel de Coulanges, on a vu se dissiper la plupart des thèses ethnographiques si longtemps chères aux historiens. L'Invasion germanique est apparue, non plus comme une lutte de races, mais très exactement comme une lutte de formes sociales, à savoir comme la lutte du régime de la bande guerrière contre le, régime de l'Empire. – C'est ainsi que les formes sociales, bien loin de n'être, toujours et partout, que les conséquences des dispositions ethniques, en apparaissent souvent

Célestin Bouglé

indépendantes, et capables d'agir sans elles, ou même contre elles. Cela suffit à prouver que, si la race explique certains caractères des sociétés, elle ne saurait être rendue seule responsable de tous leurs caractères.

Le sol, à sa façon, leur fera porter sa marque. Il est bien certain que la configuration et jusqu'à la situation climatérique d'un pays exercent une action sur la multiplicité et l'organisation des relations sociales. Le désert invite les hommes à vivre en tribus errantes plutôt qu'en nations centralisées. Un pays de montagnes maintient d'ordinaire les groupes sociaux séparés, par là même fermés et homogènes. Ce n'est pas sans raison qu'on a attribué aux montagnes une influence « conservatrice ». Les côtes, sur lesquelles les éléments les plus hétérogènes, apportés par les vagues, peuvent entrer en contact, font les sociétés plus mobiles en quelque sorte, et moins traditionnelles. La différence des pays, mieux que la différence des races, rend compte de la différence des sociétés athénienne et spartiate.

Et, sans nul doute, sur des sols différents, des formes sociales analogues peuvent fleurir, ou des formes sociales différentes sur des sols analogues. Les Turcs, observait déjà Hegel, vivent où vivaient les Grecs. Les mêmes bords ont put voir tour à tour des sociétés grandes ou petites, inorganiques ou organisées, démocratiques ou aristocratiques. – Est-ce à dire que les formes terrestres sont incapables de modifier les formes sociales ? Non, mais qu'elles ne sont pas les seules à les modifier.

Ce serait, en effet, un effort paradoxal que de chercher dans les phénomènes physiques, sous le prétexte qu'ils sont seuls aisément observables et comme palpables, les causes uniques de ces modifications. Outre que la nature n'agit le plus souvent sur la société qu'à travers l'esprit, l'esprit agit sur la société de lui-même, avec ses forces propres, besoins ou goûts, sentiments ou idées.

L'action des besoins qu'on appelle matériels – ce qui ne les empêche pas, d'ailleurs, d'être des forces psychologiques – est sans doute la plus frappante de toutes. L'effort des hommes pour produire les richesses exerce mille pressions sur la constitution des sociétés. La densité sociale dépend étroitement, des modes de la production économique ; telle forme de la propriété collective tend à l'augmenter, tandis que telle forme de la propriété privée tend à la diminuer. De même, un régime tout agraire, par opposition à un régime industriel, ne tend-il pas à limiter l'extension de la communauté ? D'autre part, le développement d'un régime industriel, en réclamant une spécialisation à l'infini, n'augmente-t-il pas l'hétérogénéité des unités sociales ? Ou encore l'extension du commerce ne pousse-t-elle pas, comme aux Pays-Bas, les individus les plus hétérogènes à s'unir, malgré les différences de races et de langues, en une société organisée ? Et, enfin, d'une façon générale, le régime aristocratique n'est-il pas lié au régime de la richesse foncière, tandis que le développement du régime démocratique semble correspondre ait développement de la richesse mobilière ? – La philosophie de l'histoire dite matérialiste a comme vulgarisé ces harmonies et prouvé, par cent exemples, que l'économie exerce sur les formes sociales des actions autrement déterminantes que celles de la race ou du sol.

Où celle philosophie se fait sans doute illusion, c'est lorsqu'elle croit avoir trouvé, dans cette détermination, la clef unique de tout le devenir social. Droit, morale, religion, art ne seraient alors que des « superstructures » de l'économie ; ce seraient, des « épiphénomènes» ? En réalité, bien loin de créer de toutes pièces les formes sociales, les modes de la production les présupposent le plus souvent. Considérer les transformations de la production comme les causes premières de toute transformation de la société, c'est oublier que ces transformations techniques supposent elles-mêmes, le plus souvent, un développement de la science qui n'a pu s'accomplir sans un développement préalable de la société ; c'est oublier, d'autre part, qu'elles ne peuvent agir sur la société qu'à la condition de s'être réalisées dans des formes sociales antérieurement établies. Ce n'est pas la découverte de la vapeur, en soi, qui a entraîné foules les transformations sociales qu'on dit être les conséquences du machinisme : cette découverte a été, de par le droit établi, exploitée dans certaines conditions, par exemple au profit des possesseurs de capitaux ; voilà ce qui a déterminé telles ou telles transformations des rapports entre classes. Elles eussent été tout autres si le droit établi eût été différent. Ainsi, bien loin de n'être que des conséquences, des dérivées des catégories économiques, les catégories juridiques leur préexistent ; et leur mouvement n'obéit pas toujours aux seuls intérêts matériels : les idées sont, capables de le diriger.

Il faut donc mesurer, après l'action des forces économiques, l'action des forces morales sur les formes sociales. Peut-être nous faisons-nous parfois une trop haute opinion de la puissance des idées. Peut-être l'histoire, lorsqu'elle énumère les causes de la Révolution, par exemple, fait-elle parfois trop large la part des facteurs intellectuels, trop étroite la part des facteurs économiques. Mais, par contre, si l'on voulait en faire tout l'honneur à ceux-ci seulement, l'exagération ne serait pas moindre. D'importants mouvements économiques ont pu correspondre à l'émancipation des esclaves ; il n'en est pas moins vrai qu'en cette matière le dernier mot est resté, et reste aujourd'hui à la conscience. Elle peut aller bravement contre nos plus sûrs intérêts économiques, et nous sommes payés, ou pour être plus exact, nous payons pour le savoir. En un mot, les droits et les devoirs peuvent tantôt seconder, tantôt aussi contrarier l'action des intérêts sur les formes sociales. Et ce n'est pas d'aujourd'hui que la morale a commandé aux hommes de s'unir et de s'organiser malgré la distance des sols, la différence des races ou même l'antagonisme des besoins.

À vrai dire, c'est surtout sous la forme religieuse que, les croyances ont ainsi, autrefois, mené le monde social. L'étude des institutions les plus anciennes a clairement prouvé l'influence des religions sur ce que Sumner Maine appelle la « trituration » des sociétés. La religion n'a-t-elle pas fondé l'unité des familles primitives et des cités antiques ? Plus tard, ces premiers groupes sociaux n'ont-ils pas eux-mêmes été, élargis, multipliés, entrecroisés par la religion ? Allant prendre par la main les individus les plus différents, civilisés et, barbares, citoyens et paysans, maîtres et esclaves, elle s'est montrée capable de modifier aussi bien l'extension que l'organisation des sociétés.

Ces mêmes capacités, l'art peut les revendiquer à son tour : lui aussi entrecroise, multiplie, élargit les groupes sociaux, et plus d'une fois, dans les temps modernes comme dans l'antiquité, les communions esthétiques ont devancé les associations politiques ou leur ont survécu. Aucune des activités de l'esprit n'a le monopole de l'action sociale. Des plus humbles aux plus nobles, de celles qu'on appelle matérielles à celles qu'on appelle idéales, toutes peuvent coopérer aux modifications de la société.

C'est ainsi que, après avoir cherché dans les transformations de l'économie, du droit, de la morale, de la religion, de l'art les conséquences de ces modifications, nous y chercherions leurs causes.

Tout à l'heure, nous nous efforcions de déterminer dans quelle mesure la morale d'une société, par exemple, dépendait de ses formes ; il nous faudrait déterminer, maintenant, dans quelle mesure ses formes dépendent de sa morale.

Mais n'y a-t-il pas là un cercle vicieux ? Un même phénomène peut-il donc être à la fois la cause et la conséquence d'un autre ? – D'abord, en matière sociale, rien n'est plus fréquent que de pareilles actions et réactions. À Rome, par exemple, on peut dire que la religion obéit à l'influence de l'État, et, réciproquement, l'État à l'influence de la religion. Rien ne nous empêche, lorsque nous recherchons quelles relations constantes unissent nos différentes activités aux différentes formes sociales, de prendre celles-ci tantôt pour point de départ, tantôt pour point d'arrivée : l'œuvre peut réagir sur l'agent et l'effet devenir cause. – De plus, nous avons pris soin, lorsque nous passions en revue quelques-unes des conséquences de la société, de remarquer que d'autres influences pouvaient interférer avec la sienne, et qu'elle était loin d'expliquer, à elle seule, le tout de l'économie ou de la morale, de la religion ou de l'art. C'était laisser du jeu, pour ainsi dire, à ces différentes forces : si chacune d'elles détermine, dans une certaine mesure, les mouvements des sociétés sans être pourtant, dans tous ses détails, déterminée par leurs mouvements antérieurs, c'est qu'une part de causalité revient en propre à chacune d'elles, digne d'être mesurée. En un mot, par cela même que nous reconnaissions, dans nos diverses activités, autre chose que de simples conséquences des modifications des formes sociales, nous nous réservions le droit d'y chercher des causes de ces mêmes modifications.

Que fait la géographie pour devenir une science ? Elle ne se contente pas de décrire, elle classe les formes terrestres, bassins et baies, pics et plateaux. Elle en étudie les conséquences ; elle cherche dans les conditions physiques les raisons de la répartition

Célestin Bouglé

des habitants et de la position des villes. Elle cherche, d'un autre côté, les raisons des phénomènes géographiques eux-mêmes et demande à la géologie, par exemple, le pourquoi de la constitution de telle montagne, ou du régime de tel fleuve. En un mot, se placer au « point de vue géographique », c'est observer les formes terrestres, leurs conséquences et leurs causes. De même, se placer au « point de vue sociologique », ce sera observer les formes sociales, leurs conséquences et leurs causes.

Ainsi, lorsque nous aurons classé les différents cercles sociaux qui s'entrecroisent en Saint-Pol ; lorsque nous aurons observé les effets qu'ils produisent sur la vie tout entière de ses habitants, militaires et hommes du monde, dévotes et orphéonistes ; lorsque nous aurons enfin cherché dans cette vie même tout ce qui peut modifier la quantité ou la qualité de ces mêmes cercles, alors, et alors seulement, nous aurons une connaissance sociologique de Saint-Pol.

À vrai dire, si nous avions de Saint-Pol une pareille connaissance, ne posséderions-nous pas la sociologie tout entière ? « Si je savais quelque chose à fond, dit Claude Bernard, je saurais tout. » Tâchons donc de connaître à fond notre petite ville, et la sociologie vivra.

Chapitre I

Chapitre II

La sociologie populaire et l'histoire [1]

La « Sociologie » est à la mode. Tout le monde en parle. Peu de gens savent ce que c'est. – Et, pourtant, il n'est personne qui n'use, en effet, dans les explications courantes, de notions plus ou moins sociologiques.

Amenons à la lumière ces notions communes : nous prendrons ainsi un premier aperçu des réalités sociales. La conscience des idées que nous nous sommes faites, plus ou moins inconsciemment, des différentes formes de la société nous aidera à comprendre la nécessité d'une étude méthodique de ces mêmes formes. La sociologie populaire servira de vestibule à la sociologie scientifique.

*

**

Supposons que, bourgeois paisible, vous soyez englobé dans quelque foule en émoi. Vous suivez, d'abord en spectateur : si votre cœur bat, c'est de curiosité. Vous attendez « quelque chose ». Puis vous vous échauffez ; vous voilà qui criez comme tout le monde, comme tout le monde vous gesticulez. Devant vous on casse des vitres : vous jetez votre pierre. On poursuit, on assomme un malheureux : vous lui portez votre coup. On dételle les omnibus, on abat les kiosques, on dépave les rues ; et vous aussi, rouge de fatigue et d'enthousiasme, vous collaborez à la barricade. – Rentré chez soi après de pareilles équipées, on se sent quelque peu gêné, on ne se reconnaît pas : « Cet énergumène qui a hurlé, brisé, assommé, est-ce bien moi, paisible bourgeois ? Non, j'étais sorti de moi-même. Comme mon corps, mon âme était soulevée et portée malgré moi par la vague humaine. Pour m'imposer des actes aussi contraires à mes habitudes et à mes idées, je ne sais quelle force supérieure m'entraînait victorieusement. »

Lorsque nous nous livrons à de pareilles réflexions, nous faisons déjà, – peut-être comme M. Jourdain faisait de la prose, – de la sociologie. Cet examen de conscience, qui nous force à chercher en dehors de nous-mêmes la raison de ce qui s'est passé en nous,

---

1 *Revue internationale de l'Enseignement supérieur*, 1899.

ne nous met-il pas sur la voie des faits sociaux ? Cette « force supérieure », si nous n'avons pu la définir précisément, nous l'avons vivement ressentie : dans notre exaltation même, si nous n'avons pas compris encore sa nature et le mécanisme de son action, nous avons perçu du moins, incontestablement, son existence. Et c'est pourquoi nous la comparons à ces forces physiques dont la nature est mal définie, encore que leurs effets soient patents : on parlera des communications « magnétiques » qui s'établissent entre les esprits rassemblés, ou de « l'électricité » qui se dégage de leur rassemblement. On dira que, dans sa conscience individuelle, on a senti les vibrations de la « conscience collective », le frisson de « l'âme des foules ».

Expressions poétiques. – Elles ont seulement l'inconvénient de rendre, dès l'abord, la sociologie suspecte aux esprits scientifiques : tant qu'ils ne nous entendront parler que d'« âme collective » se dégageant à la manière de l'électricité du contact des âmes individuelles, ils se défieront, flairant la métaphore vide, l'abstraction réalisée, la logomachie. Laissons donc les mots pour les choses, et abandonnons les substances, pourvu que nous retenions les phénomènes. Je dis qu'en commettant au milieu d'une foule des actions que, seul, vous n'auriez pas commises, vous avez constaté, par expérience personnelle, un phénomène social. Chacun des acteurs de la manifestation aurait pu remarquer ainsi, en lui-même, une sorte de hausse de ses passions, due au contact des passions de tous : c'est-à-dire que, par leur réunion, les sentiments individuels ne s'additionnent pas seulement, ils se multiplient. En ce sens, s'il est vrai que les hommes pensent, sentent et veulent réunis autrement qu'ils ne voudraient, sentiraient et penseraient isolés, n'est-il pas permis de dire que leur réunion même agit sur les hommes ? Nous avons tous, à de certains jours, éprouvé cette sorte d'action : ces jours-là nous avons donc perçu, comme dans un éclair, la réalité des faits sociaux.

Mais pour un éclair qui déchire la nuit, combien d'effluves invisibles ! À de rares occasions, lorsqu'elle varie brusquement, nous ressentons la pression atmosphérique ; et, pourtant, c'est tous les jours de notre vie qu'elle pèse sur nos épaules. Il en est ainsi de la pression sociale. Ce n'est pas seulement par hasard, au coin d'une rue, un jour d'émeute, qu'elle s'abat sur nos âmes : pour les mieux modeler elle nous entoure et nous étreint du berceau à la tombe, et du forum au foyer. Nous accusions tout à l'heure la société des hommes, réunis en foule, de nous avoir fait oublier nos habitudes et nos idées ; mais ces idées et ces habitudes mêmes, si nous cherchions qui nous les a dictées, sans doute retrouverions-nous, sous une autre forme, la société encore. La foule n'est qu'une espèce de société toute rudimentaire, éphémère et amorphe ; si elle agit sur les individus qu'elle rassemble, ce n'est que par les contacts instantanés et déréglés qu'elle établit entre eux. Combien plus puissantes doivent être les sociétés constituées et par cela même durables ! Introduisant entre les éléments qu'elles organisent des rapports constants et réglés, elles les soumettent à des influences qui ne deviennent insensibles que parce qu'elles sont incessantes. Ce serait donc mutiler la sociologie que de la réduire à la psychologie des foules : des formes sociales singulièrement plus complexes et plus stables demandent qu'elle définisse leur nature et démonte le mécanisme de leur action.

Imaginez qu'au lieu d'être fils d'une de nos petites familles modernes, monogamiques et individualistes, dont les membres, non seulement vivent à part des familles voisines, mais encore possèdent, vis-à-vis les uns des autres, des droits définis et reconnus, vous apparteniez à quelqu'une de ces *zadrugas* comme on en voit encore chez les Slaves méridionaux, grandes familles communistes, où les ménages ne vivent pas séparés, où les propriétés ne sont pas divisées, où, par « fraternité, amitié et liaison économique », comme disait Guy Coquille, les individus ne semblent former qu'un seul corps : vos idées sur les droits des propriétaires, ou sur les devoirs des époux seraient- elles ce qu'elles sont ? – De nos États occidentaux, administrés et policés, transportez-vous par la pensée au milieu d'une tribu sédentaire de l'Afrique du Nord. Là, plus de gouvernement central, plus de police publique, plus de ministère de la justice. Vos biens et votre vie sont à la merci de tous. Pour les sauver il vous faut demander *l'anaïa*, la protection d'un grand chef, vous affilier à son *çof*, à la société de défense mutuelle dont il est la tête. Dès lors, votre fusil damasquiné toujours en main, un poignard recourbé toujours caché sous votre burnous, surveillant tous les mouvements des *çofs* rivaux, vous vivrez sur un perpétuel qui-vive : une pareille existence ne transformerait-elle pas, avec toutes vos habitudes, l'idée que vous vous faites du droit, de la justice de l'humanité ? – Supposez encore que vous soyez le citoyen, non d'une grande nation de nos jours, mais d'une petite cité de l'ancienne Grèce : pourrait-on vous demander, sans un anachronisme flagrant, de partager dès lors les manières de penser et d'agir qui sont celles de la politique moderne ?

Ces brefs exemples suffisent à l'indiquer : suivant que les sociétés seront petites ou grandes, anarchiques ou organisées, émiettées ou centralisées, communistes ou individualistes, varieront les habitudes, les sentiments et les pensées des hommes qu'elles tiennent assemblés. Pour démontrer l'efficacité propre aux phénomènes sociaux, ne disons pas seulement, d'une manière générale, que les êtres associés réagissent les uns sur les autres : ajoutons que la façon dont ils réagissent est spécifiée et déterminée par la façon dont ils sont associés. D'un mot, qu'ils s'en aperçoivent ou non, les individus reçoivent comme la marque de fabrique des différentes formes sociales.

Sans doute, ces influences passent le plus souvent inaperçues. Et cependant il serait facile de prouver que déjà nous avons tous, plus ou moins vague, une notion de leur puissance.

Vous connaissez un enfant peu appliqué, peu sociable, inerte, timide, renfermé. « Il faudrait l'envoyer au lycée », conseillez-vous à ses parents, Parler ainsi, n'est-ce pas prévoir des phénomènes proprement sociologiques ? Et, en effet, lorsque vous avez prédit que les manières et l'esprit de l'enfant se transformeraient fatalement au lycée, vous avez escompté, non l'influence personnelle de tel maître ou de tel élève que vous ne connaissez pas, mais l'influence générale du groupement même, de l'ordre suivant lequel, dans nos lycées, maîtres et élèves sont organisés. La vie en commun, avec des camarades d'origines et de facultés diverses, assujettis aux mêmes tâches et 'aux mêmes concours, sous la même discipline, voilà, avez-vous pensé, l'éducatrice plus active que tous les précepteurs. Spontanément vous rendiez donc à la société ce qui appartient à la société. Vous pesiez rapidement, à la balance de jugements familiers, l'efficacité propre à ce complexus de formes sociales qu'on appelle un lycée.

Chapitre II

Voulons-nous une preuve nouvelle que les jugements de cette sorte sont comme en suspension dans les idées communes ? Feuilletons au hasard quelques romans.

La philosophie des *Déracinés,* de M. Barrès, est un peu simple, précisément parce qu'il fait trop d'honneur aux professeurs de philosophie. À la morale de Kant enseignée dans les classes il semble attribuer la capacité de produire un mouvement de centralisation et d'individualisme dont, à bien compter, il faudrait rendre responsable l'histoire de France tout entière, et le progrès même de la civilisation. Mais plus d'une observation exacte vient heureusement, dans le livre même, en corriger la thèse maîtresse. C'est ainsi que vous y trouveriez, entre cent remarques sur l'atmosphère surchauffante et brûlante des grandes villes, opposée à l'air calmant et purifiant des petites cités provinciales, une analyse méthodique des effets auxquels nous faisions plus haut allusion, et qui sont propres à la constitution de nos établissements d'enseignement secondaire. De même, dans la *Force,* de M. P. Adam, vous rencontreriez, au milieu des tableaux militaires, mille détails accumulés pour prouver le surcroît d'énergie qu'apporte à chacun des cavaliers l'unité physique et morale de l'escadron, à chacun des soldats de la République, la force de la nation même. Dépouillez les chroniques, les articles de critique d'art ou de critique dramatique, et vous y glanerez presque sûrement quelque remarque analogue. En vérité, pour qui sait la reconnaître sous ses déguisements divers, il est évident que, de nos jours, la sociologie court les rues.

Mais serait-ce là un privilège de nos jours ? On ne parlait pas tant, autrefois, des choses sociales ; sans doute ou ne les observait pas moins. Les dictons en font foi, où l'expérience des peuples s'est condensée, et comme cristallisée. La populace romaine ne répétait-elle pas déjà : « *Senatores, boni viri; senatus autem, mala bestia* » ? c'est-à-dire à peu près : « Les sénateurs, chacun pris à part, sont de braves gens ; mais le sénat, en corps, n'est qu'une méchante bête ». N'était-ce pas signifier que, par leur réunion seule, l'état d'esprit des hommes est modifié, et que si certaines de leurs facultés en sont parfois exaltées, d'autres aussi s'en trouvent souvent éteintes et comme neutralisées ? – Et ce n'est pas seulement l'action instantanée du rassemblement que le peuple a su noter,

Célestin Bouglé

c'est l'action plus durable des situations sociales. On tirerait, de nos proverbes du Moyen Âge, toute une psychologie des professions. Ils nous indiqueraient encore comment varient, suivant les formes de l'autorité, les qualités du maître, ou les libertés du sujet : « Il n'est pire tyran que les tyranneaux. – Il ne fait pas bon servir deux maîtres. – Honneurs changent les mœurs. – Vilain enrichi ne connaît parent ni ami. – Tel seigneur, tel page et serviteur. » – Les adages de ce genre n'expriment-ils pas autant d'efforts de la conscience populaire pour définir ceux des phénomènes sociaux qui la touchent du plus près ?

Et, sans doute, d'une manière générale, elle est moins frappée des faits sociaux que des faits physiques, matériels et palpables. Les vertus des herbes, les influences des astres, les commandements des saisons tiendront plus de place dans ses almanachs que la nature, les propriétés et les conséquences des différentes espèces d'associations. Les formes sociales ne crèvent pas les yeux. Elles ne s'en imposent pas moins, par, leur action ininterrompue, à l'attention commune. Un regard jeté en passant sur les aphorismes de la sagesse des nations, sur les formules de nos littérateurs, sur les maximes courantes de notre propre conduite suffit à le constater il existe d'ores et déjà, aussi bien qu'une météorologie, une « sociologie populaire ».

Grossière ébauche, faite de remarques rapportées au hasard, ou taillée à coups de généralisations hâtives ! Avec des procédés aussi naïfs, il est rare qu'on résolve les problèmes; mais il reste du moins qu'on les pose. L'effort inexpérimenté du peuple, s'il est incapable de nous définir l'essence même des différentes espèces d'associations, suffit du moins à nous signaler leur existence. Dans le champ des formes sociales, comme sur tous les terrains aujourd'hui conquis à la science, l'intuition spontanée du vulgaire ouvre la voie à la -recherche raisonnée du savant.

*

**

Toutefois, sommes-nous sûrs de nos guides ? Ne seraient-ils pas capables de nous conduire à quelque impasse ?

Chapitre II

Il ne suffit pas de quelques aperçus flottants, vapeurs de l'expérience commune, pour démontrer, en même temps que l'existence propre de phénomènes sociaux, la nécessité d'une sociologie.

Tournons-nous donc vers ceux qui, faisant profession de ne pas substituer leurs « idées » au réel, mais de « laisser parler les faits », étudient depuis déjà longtemps, avec un esprit « scientifique », tout ce qui s'est passé dans les sociétés humaines : interrogeons les historiens.

L'œuvre des historiens exclut-elle, ou appelle-t-elle, rend-elle inutile ou indispensable l'œuvre des sociologues ?

Pour en décider il faut comprendre à quel prix peut être obtenue, des faits historiques, une véritable explication.

On pourrait croire, au premier abord, que l'historien se soucie peu d'expliquer, mais seulement de décrire exactement, et, comme l'on dit, de faire revivre tel quel le passé. Tant d'efforts, et de natures si diverses – rassemblement et classement des documents, restitution et interprétation des textes, critique de sincérité et critique d'exactitude – doivent être dépensés pour ramener les faits historiques à la lumière du jour, dans la situation où la plupart des faits étudiés par les autres sciences se présentent d'eux-mêmes à l'observation ! Après un pareil labeur, il semble que l'historien moderne ait le droit de se reposer sur les pierres qu'il a arrachées au passé, sans s'inquiéter encore de les ordonner en un édifice intelligible. Bornons systématiquement notre ambition, dira-t-il. À d'autres les explications hasardeuses ; à nous les constatations sûres.

Une pareille attitude d'esprit n'a qu'un inconvénient, c'est d'être à peu près intenable. L'intelligence humaine est ainsi faite qu'elle ne peut guère constater sans essayer de comprendre. Par ses opérations élémentaires elles-mêmes elle organise spontanément les matériaux qui lui sont apportés. Les philosophes nous le prouveraient aisément : « Percevoir, c'est encore se souvenir » – et c'est déjà concevoir. Si cela est vrai des perceptions du présent, élaborations inconscientes et spontanées de notre propre esprit, comment ne le serait-ce pas de ces perceptions du passé qui sont l'œuvre historique, élaborations conscientes et méthodiques de l'historien ? Sans les faire comprendre il ne saurait faire revivre les événements. Cette synthèse qui doit, suivant Michelet, ressusciter les siècles veut être précédée, il le reconnaît, d'une analyse des différentes forces dont le concours explique leur marche. Ceux-là mêmes qu'on nomme les représentants de l'école narrative le déclarent. Selon Thiers, l'ordre de narration le plus beau, parce qu'il est le plus naturel, est celui qui a pu saisir « le lien mystérieux qui unit les événements, la manière dont ils se sont engendrés les uns les autres ». Pour constituer une histoire, une série de faits sans lien, totalement indépendants, comme les coups d'une partie de dés, ne suffit pas ; il y faut une série de faits reliés, et dépendant les uns des autres, comme les coups d'une partie d'échecs. Appelons érudit celui qui apporte et juxtapose les documents ; mais réservons le nom d'historien à qui les met en œuvre. C'est l'avis de deux représentants de l'école « objective », MM. Seignobos et Langlois, qui, dans une *Introduction aux études historiques,* définissent ainsi l'histoire : « Elle n'est pas la connaissance abstraite des rapports généraux entre les faits, elle est une étude *explicative* de la réalité ».

Il est établi que l'histoire veut être explicative : qu'est-ce donc qu'une explication ?

Une faille se produit dans la surface de la terre comment l'expliquer ? Je sais, d'une part, que toute lame mince, soumise à des pressions inégales, tend à se rompre. Je sais, d'autre part, que la surface terrestre n'est en réalité qu'une coquille d'œuf, une croûte, une lame mince enfin, suspendue entre l'atmosphère qui pèse sur elle et le noyau du feu central qui, en se refroidissant se contracte sous elle. En vertu de cette contraction, il arrive que, sur certains points, cette surface porte à faux ; en vertu de la pression, elle se brise sur ces mêmes points : d'où les failles. – Un tissu soumis à l'action du chlore est décoloré : pourquoi ? Je sais, d'une part, que les matières colorantes sont ordinairement composées de bases ; et, d'autre part, que le chlore montre pour les bases une grande affinité : d'où la décoloration. Dans l'un et l'autre cas, pour m'expliquer le fait particulier.. j'ai remonté aux lois générales suivant lesquelles il a dû se produire : ici, les lois de la combinaison des acides avec les bases ; là, les lois de la chaleur et de la pesanteur. Ainsi procèdent toutes les sciences de la nature ; elles ne tiennent un fait pour expliqué que lorsqu'elles l'ont réduit aux lois qu'elles ont une fois obtenues par l'assimilation des cas, l'abstraction des caractères et la généralisation des rapports. Expliquer, c'est relier le particulier au général ; c'est déduire le fait de la loi.

Est-ce ainsi que procédera l'histoire ? Assimilation, abstraction, généralisation, choses suspectes aux historiens de nos jours ! Ils en ont tant vu, dans ce siècle, de majestueuses constructions qui s'élevaient au commandement d'un système, pour s'effondrer au contact d'un fait ! Ils en gardent une défiance instinctive à l'égard de tout ce qui pourrait rappeler la philosophie de l'histoire. Quand ils veulent s'insulter gravement, ils s'appellent idéologues. Ils renvoient aux « philosophes » les abstractions, toujours artificielles, les assimilations, toujours superficielles. « Le grand précepte qu'il faut donner aux historiens, disait déjà Augustin Thierry, c'est de distinguer au lieu de confondre. » On croyait que les sciences avaient pour objet de relever les similitudes ? « Les différences », voilà, suivant M. Seignobos, l'objet propre de l'histoire. Vous répétez qu'il n'y a pas de science sans généralisation ? « La généralisation est pour l'historien la plus active de toutes les causes d'erreur. » Les vraies raisons d'un fait, cherchons-les dans les circonstances spéciales qui lui ont donné naissance. Analysons-en avec minutie les « particularités curieuses ». « Soyons complets », dira M. Chuquet, et nous verrons disparaître le merveilleux historique : c'est par l'examen du détail, non par l'énoncé de quelque formule abstraite que les succès les plus surprenants vous seront expliqués. Ainsi, de la constatation à l'explication, pas de saut brusque : une constatation vague pose un problème, une constatation précise apporte naturellement la solution. La clef d'un fait historique, c'est un autre fait historique. En un mot, si nous confrontons les raisons de l'historien avec les raisons du physicien, du chimiste, du géologue, il semble que nous nous trouvions en présence de deux types d'explications irréductibles : une explication par le général, abstraite, rattachant le fait à une loi ; – une explication par le particulier, concrète, rattachant le fait à un autre fait. Où est l'explication véritable ?

Mais, d'abord, cette opposition est-elle bien fondée ? Considérons de plus près les démarches des sciences de la nature, et nous constaterons que, pour expliquer le réel, elles ne le déduisent nullement de lois générales une fois posées. Chacune d'elles accepte des « données », grâce auxquelles elle constate, non pas seulement l'existence de la, série de phénomènes dont elle veut étudier les lois, mais leur quantité, leur situation dans l'espace, leur apparition dans le temps, bien plus, les modifications qu'ils peuvent supporter de la part de séries différentes et concourantes. En ce sens, l'astronomie elle-même enregistre des hasards. Les planètes de notre système solaire décrivent une ellipse : mais croit-on que cela dérive directement des lois de l'attraction ? Encore fallait-il que les distances et les masses de ces astres fussent ce qu'elles sont, en fait, sans que nous puissions dire pourquoi. De même, la connaissance des lois des combinaisons chimiques ne nous apprend pas pourquoi il y a tel nombre de corps simples et non tel autre, ni pourquoi parmi tant de corps composés possibles, les uns sont réalisés et non les autres. De même encore, des lois de la chaleur et de la pesanteur, nous ne pourrions conclure aux particularités, bien plus, à l'existence même de l'atmosphère, du feu central, de la croûte terrestre. Ce sont là des faits, qui se laisseront peut-être rattacher à d'autres faits, tels que l'existence d'une nébuleuse, mais qui ne se laissent pas déduire des propriétés générales de la matière. En ce sens, Renan avait raison : toutes les sciences sont des histoires ; toute explication scientifique du réel suppose des données historiques.

La force explicative appartiendrait-elle donc, tant dans l'histoire du monde que dans l'histoire des hommes, au fait, et non à la loi ? Un homme est mort subitement, parce que, passant dans une certaine rue, il a reçu une tuile sur la tête. Je dis que cette coïncidence même n'est véritablement explicative que pour qui connaît les lois générales suivant lesquelles elle a dû produire son effet. Ce sont les lois de la barologie qui seules expliquent la force avec laquelle la tuile devait choquer le crâne ; ce sont les lois de la physiologie qui seules expliquent la rapidité avec laquelle un pareil choc sur le crâne devait entraîner mort d'homme. Il en est de même de tous les accidents qui déterminent, nous dit-on, l'évolution des astres et celle des sociétés humaines. Ou bien la relation de ces accidents est une pure narration, qui nous apprend que tel fait a précédé tel autre, mais sans nous expliquer celui-ci par celui-là. On bien cette relation cache une explication véritable ; c'est qu'alors elle nous fait savoir, ou nous laisse deviner comment, c'est-à-dire suivant quelles lois générales, le premier fait a engendré le second. La chute d'une pierre n'explique une avalanche, le contact d'une étincelle n'explique une explosion que pour qui connaît les lois de la pesanteur ou celles des combinaisons chimiques. La connaissance des faits ne supplée pas à la connaissance des lois. En d'autres termes, entre les deux types d'explications opposés, l'historique ou le scientifique, nous n'avions pas à choisir. Toute explication du réel comporte une part, d'ailleurs variable, d'histoire, et une part de science. Qu'il s'agisse de phénomènes chimiques, géologiques, ou sociaux, il faut, pour qu'ils soient compris, et non pas seulement constatés, que soient énoncées, d'une part, les circonstances particulières et, d'autre part, les lois générales de leur production : c'est du choc du fait avec la loi que jaillit la lumière.

L'histoire proprement dite, pour avoir à enregistrer des données plus nombreuses et plus complexes que toutes les autres sciences, n'en est pas moins soumise aux mêmes conditions logiques. Elle aussi, pour relier les faits qu'elle constate, a besoin de supposer des lois. On nous dit : « Toute l'histoire des événements est un enchaînement évident et incontesté d'accidents, dont chacun est cause déterminante d'un autre. Le coup de lance de Montgomery est cause de la mort de Henri II, et cette mort est cause de l'avènement des Guises au pouvoir, qui est cause du soulèvement du parti protestant. » Mais comment puis-je affirmer qu'un fait est cause d'un autre si je ne soupçonne la manière dont il l'a engendré, c'est-à-dire si je ne conçois, plus ou moins vaguement, les rapports généraux qui rendent son action intelligible ? Le coup de lance de Montgomery rend raison de la mort de Henri II, à qui connaît les lois suivant lesquelles la lésion profonde d'un organe essentiel entraîne l'arrêt de toutes les fonctions vitales ; de même, pour que l'avènement des Guises m'explique le soulèvement des protestants, il faut que je conçoive les lois de l'association des idées et des sentiments, suivant lesquelles la haine ou la crainte des Guises devait conduire les protestants jusqu'à l'action guerrière. La mélodie des faits, qui se suivent comme des notes isolées, manquerait de sens et d'unité n'était l'accompagnement continu et profond des idées générales.

Et, à vrai dire, si l'historien formule rarement les idées dont il use, c'est qu'elles sont pour la plupart très simples et, sinon très claires, du moins très familières tant aux lecteurs qu'à l'auteur. Lorsqu'un historien, pour expliquer la conduite de Napoléon, esquisse un portrait du grand aventurier, et met en relief, en même temps que son ambition, son esprit à la fois prévoyant et impulsif, il n'a pas besoin d'interrompre à chaque instant la description pour nous rappeler, en maximes générales, les effets naturels de l'impulsivité, de la prévoyance, de l'ambition. Ce sont de ces notions qu'on comprend à demi mot, parce qu'elles sont du ressort de cette psychologie individuelle dont chacun d'entre nous possède les éléments : elles n'en sont pas moins comme les muscles et les nerfs des explications historiques.

Mais, est-ce seulement de cette psychologie individuelle que l'histoire a besoin ? Lorsque M. Hanotaux, résumant à grands traits notre histoire nationale, y discerne l'action de trois principes, le fédératif, l'unitaire et le libéral, et explique leur coexistence par le mélange des races gauloise, latine et germaine, que suppose une pareille explication ? L'admission préalable de certaines thèses d'ethnologie, suivant lesquelles les cerveaux gaulois, latins ou germains seraient prédestinés, par leur constitution même, aux idées fédéralistes, unitaires ou libérales. Et ces thèses, à leur tour, supposent la thèse plus générale de l'anthropologie, suivant laquelle la structure anatomique des hommes, leur brachycéphalie ou leur dolichocéphalie détermine leurs idées. Toutes les fois qu'un historien, à l'exemple des A. Thierry et des H. Martin, explique un fait, événement ou institution, par les qualités des races, il invoque, qu'il s'en doute ou non, les lois de l'anthropologie.

Mais l'histoire ainsi comprise est encore, au dire de Michelet, « trop peu matérielle. Sans une base géographique, le peuple, l'acteur historique, semble marcher en l'air, comme dans la peinture chinoise où le sol manque... Le sol n'est pas seulement le théâtre de l'action. Par la nourriture, le climat, etc., il influe de cent manières. Tel le nid, tel l'oiseau. Telle la patrie, tel l'homme. » À la fois poète et philosophe, Michelet exprime ainsi, en un style imagé, les idées-mères de toute explication qui cherche, dans la terre même, une des raisons qui déterminent la conduite de ceux qu'elle porte. Lorsqu'un historien, par exemple, commençant son récit par une description du théâtre des événements, signale, avec Curtius, l'influence de la montagne sur le caractère conservateur de Sparte, ou l'influence de la mer sur le caractère démocratique d'Athènes, il fait appel, inconsciemment ou consciemment, à des propositions générales, celles-là mêmes qui définissent les effets matériels ou moraux que telle forme terrestre doit, toutes choses égales d'ailleurs, exercer partout où elle se rencontre.

Ces exemples suffisent à le prouver : l'historien, lorsqu'il explique véritablement un fait, remonte, qu'il le veuille ou non, à quelque proposition générale. En ce sens, il ne faut pas opposer, comme semblait le faire M. Seignobos, à la connaissance abstraite des rapports généraux entre les faits, l'étude explicative de la réalité : l'une suppose l'autre. Et si la vérité d'une explication historique dépend d'abord de l'exactitude des faits rapportés, elle ne dépend pas moins de la certitude des lois invoquées. Pour franchir les siècles, s'il faut à l'historien les semelles de plomb du document, il lui faut aussi l'aile de feu des idées.

*

**

Or, parmi ces formules directrices de l'histoire, il est évident qu'il s'en trouve de proprement sociologiques. Il est évident que, pour expliquer nombre de faits particuliers, les historiens sont amenés à invoquer l'action, non pas seulement des formes corporelles ou des formes terrestres, mais des formes sociales, de celles-là mêmes dont l'intuition du peuple pressentait justement la, réalité et l'efficacité.

Rappelons-nous le tableau que présente Guizot du caractère féodal : l'oisiveté du seigneur dans son château, par suite son esprit d'aventures, qui le pousse à chercher bataille sur les grand'routes, son amour des contes et des chants, qui rendent les veillées moins longues, son respect de la femme, compagne de la solitude et gardienne du foyer, son attachement aux traditions, legs des ancêtres ; tous ces traits rassemblés, de quoi l'historien les fait-il dépendre ? D'un phénomène social : « l'isolement », l'absence de rapprochement fréquent et continu entre les masses d'hommes. La notion des propriétés des sociétés clairsemées, opposées aux propriétés des sociétés denses, voilà la majeure de ce raisonnement. Et Guizot s'en rend si bien compte, qu'il éprouve le besoin d'exprimer

Célestin Bouglé

lui-même le postulat essentiel de toute explication sociologique. « Toutes les fois qu'un homme est placé dans une certaine position, la partie de sa nature morale qui correspond à cette position se développe forcément en lui. » Ouvrons les ouvrages de Tocqueville, – principalement ce troisième volume de la *Démocratie en Amérique,* où il mesure analytiquement l'influence de la forme démocratique, non pas seulement sur les idées politiques, mais sur les sentiments familiaux, sur les croyances religieuses, sur les habitudes industrielles, sur les goûts littéraires eux-mêmes : nous verrions fourmiller de la sorte les aphorismes sociologiques.

Dira-t-on que nous nous faisons la partie belle ? que nous avons justement choisi, parmi les historiens, ceux qui, de l'aveu commun, sont des sociologues déguisés ? Appelons-en d'autre en témoignage. Comme Guizot l'influence de la vie du château, Renan notera l'influence de la vie de la tente sur l'esprit des tribus du désert. Ou encore, pour expliquer comment l'Empire romain devrait être, en somme, moins oppressif que les cités antiques, il énoncera cette loi sociologique: « Un pouvoir absolu est d'autant plus vexatoire qu'il s'exerce dans un cercle plus restreint ». Du milieu des tranquilles récits de Thiers lui-même, nous verrons parfois surgir quelque maxime générale touchant les caractères éternels qui sont propres à la populace ou a la tyrannie : « Qui donc eût pu prévoir, s'écrie l'historien de Napoléon, que le sage de 1800 serait l'insensé de 1812 et de 1813 ? Oui, on aurait pu le prévoir, en se rappelant que la toute puissance porte en soi une folie incurable, et la tentation de tout faire quand on peut tout faire, même le mal après le bien. » Fustel de Coulanges, qui se défiait pourtant, nous dit-on, des lois sociologiques, n'hésitera pas de son côté à formuler celle-ci : « Les inégalités sociales sont toujours en proportion inverse de la force de l'autorité ».

Ces propositions générales sont tellement nécessaires aux explications particulières que, jusque dans les relations des historiens les plus soucieux des faits et les plus défiants des idées, on les voit affleurer. C'est ainsi que M. Chuquet, cherchant le secret de la force de nos armées révolutionnaires, rappellera le mot de Mallet du Pan, disant des Conventionnels : « Isolés, c'étaient des pygmées ; réunis, des géants », et constatera que l'enthousiasme collectif de la nation corrigeait l'infériorité individuelle de nos soldats. C'est ainsi que M. Langlois, parlant de l'Université bolonaise au Moyen Âge, remarquera qu'une aristocratie de docteurs, recrutée par coopération, tend à la routine, et il ne pourra retenir cet aphorisme : « C'est l'instinct naturel des corps, comme des individus qui ne se renouvellent plus, de se replier sur eux-mêmes et de défendre leur repos ».

Nous retrouverions des généralisations analogues sous la plume des historiens contemporains les plus divers. Feuilletons seulement *l'Histoire de France* publiée, sous la direction de M. Lavisse, par un certain nombre de professeurs de facultés. Aucun n'échappe à la règle. C'est M. Bloch, par exemple, qui, à, propos des traces de clientèle qu'il relève en Gaule, nous fait remarquer que le régime de la *protection* « s'impose et domine toutes les fois que l'État se montre inférieur à sa tâche, c'est à-dire incapable d'assurer la sécurité des individus, soit qu'il n'ait pas encore achevé de se constituer, soit qu'il ait commencé déjà à se dissoudre ». Il montre que la révolution contre la monarchie a été « en Gaule comme ailleurs » l'œuvre de l'aristocratie. En expliquant la situation exceptionnelle de Marseille, il rappelle que la tyrannie et la démocratie sont choses normales dans les villes de commerce et de marine. – De même, M. Luchaire expliquera la décadence de l'épiscopat non par le tempérament de tels ou tels évêques, mais par la situation que leur fait le système féodal lui-même. Propriétaires et grands seigneurs, leurs domaines peuvent être achetés ou hérités : l'épiscopat devient une caste et prend toutes les maladies des castes. N'est-ce pas ce même système féodal, lançant à la conquête de terres nouvelles les fils nombreux de la famille noble, à l'étroit sur la terre paternelle, qui explique cette multiplication de *raids* dont celui de Guillaume le Conquérant fut le plus réussi ? – M. Langlois encore, si ardent pourtant à chasser les généralisations qui se logent, dit-il, comme des microbes dans les jointures de l'œuvre historique, parle de l'*évolution normale* qui transforma les Parlements en Parlement, ou du perfectionnement de l'institution monarchique par la *loi naturelle* de la division du travail. Pour expliquer l'attitude du patriciat bourgeois au XIIIe siècle il montrera que cette haute bourgeoisie cumule les défaut inhérents à l'aristocratie nobiliaire et à l'aristocratie d'argent. Pour démontrer l'innocence des Templiers, il invoque la psychologie des sectes, qui font des martyrs.

Célestin Bouglé

On pourrait multiplier les exemples. Ceux-ci suffisent à nous prouver que les historiens les plus circonspects font de perpétuelles allusions aux propriétés générales des formes, tant éphémères que durables, de l'association. Ils ont beau se défendre d'assimiler, d'abstraire et de généraliser ; presque à chaque page, nous pourrions prendre ceux qui se défient le plus de la sociologie en flagrant délit de sociologie inconsciente.

*
**

Mais, précisément parce que, dans la plupart des cas, les historiens ne sont sociologues qu'à leur corps défendant, sans le savoir ou sans le vouloir, on comprend que leur sociologie doive être, dans la plupart des cas, rudimentaire. Précisément parce qu'ils se défient *a priori* de l'assimilation, de l'abstraction, de la généralisation, ils risquent d'assimiler, d'abstraire, de généraliser sans méthode, ou encore d'accepter toutes faites les idées déjà constituées par l'expérience commune. Qu'est-ce à dire sinon que, le plus souvent, la sociologie qui les inspire n'est que notre sociologie populaire ? Dans les aphorismes que nous avons extraits des histoires, n'avez-vous pas reconnu quelques-uns des siens ? C'est qu'elle se tient, en effet, derrière chacun de nous, prête à nous passer, au premier fait, ses instruments de connaissance habituels. Derrière l'historien, les idées générales, prêtes à lui dicter ses explications, sont comme les anges ou les génies que nous voyons cachés dans l'ombre, derrière les prophètes de Rembrandt ou de Michel-Ange. Sans elles, il ne pourrait écrire. Mais, comme il ne se détourne pas pour les regarder en face et leur demander d'où elles viennent, il risque d'écouter les idées vulgaires, filles du hasard, aussi bien que les idées scientifiques, filles de la méthode : sa science est à la merci du sens commun, son histoire à la remorque de la sociologie populaire.

La question qui se pose donc, pour ceux qui veulent promouvoir la science de l'humanité, n'est pas : « Devons-nous cultiver ou non la sociologie? » puisqu'il est dès à présent démontré que nous ne pouvons nous en abstenir. Mais « devons-nous le faire au hasard, inconsciemment – ou consciemment, méthodiquement, rationnellement? »

Poser ainsi la question, c'est la résoudre. Il est trop clair qu'il faut enfin avoir le courage de ses généralisations, enfin de se forcer à ne les constituer qu'avec prudence. Il est trop clair qu'il faut enfin peser, au trébuchet de la critique, la monnaie courante de l'expérience, afin de discerner les vraies et les fausses pièces. Pour, les notions sociologiques communes, aussi bien que pour les notions géologiques ou météorologiques, l'heure du jugement doit sonner enfin, par lequel la connaissance scientifique fera son choix, donnera place aux unes dans son royaume, et en chassera les autres. Cette sociologie populaire, dont les récits des historiens, aussi bien que les tableaux des littérateurs ou les adages du sens commun, nous ont révélé l'existence, appelle à la vie, afin de pouvoir mourir de sa belle mort, une sociologie scientifique.

Célestin Bouglé

Chapitre III

Les rapports de l'histoire et de la science sociales d'après Cournot [1]

On continue de discuter abondamment sous nos yeux, à propos de la valeur relative et du rôle respectif de l'individuel et de l'universel en histoire, entre « historiens - historisants » et « historiens – sociologues [2] ». La méthodologie de Cournot, trop longtemps laissée dans l'ombre, ne serait-elle pas apte à réconcilier les uns et les autres en les départageant ? C'est ce que nous nous proposons de rechercher en résumant ce qu'on peut penser, après la lecture des œuvres du « vieux logicien », des rapports de l'histoire proprement dite, d'une part avec la philosophie de l'histoire, d'autre part avec les sciences sociales.

*
**

Au premier abord il semble que Cournot se serait indubitablement porté du côté des « historiens-historisants » : est-il une philosophie mieux faite que la sienne pour justifier leurs défiances à l'égard des lois historiques ? Et, en effet, s'ils se les représentent comme fuyantes et insaisissables, si même ils en jugent, au fond, la notion contradictoire, cela tient par-dessus tout au sentiment qu'ils gardent de l'importance causale des occurrences imprévisibles. Ils se plaisent à nous montrer, par exemple, que l'évolution politique de l'Europe contemporaine n'a nullement été déterminée « par des forces profondes et continues plus larges que les actions individuelles », mais par un certain nombre « d'accidents ». Vouloir faire abstraction de pareils accidents en histoire, ne serait-ce pas vouloir faire abstraction de l'essentiel ? Par des voies différentes, on pourrait soutenir que toutes les argumentations des anti-sociologues convergent finalement vers ce même aphorisme, suffisant selon eux pour limiter les importations déplacées de

1 *Revue de Métaphysique et de Morale*, mai 1905.
2 Rappelons seulement les noms de Lamprech, Rickert, Windelband, Bernheim, Simmel, Naville, Xénopol, Seignobos, Lacombe, Simiand,... etc. On trouvera, dans la *Revue de Synthèse historique* et *l'Année sociologique,* tous les renseignements bibliographiques nécessaires. Elles signalent et résument, au fur et à mesure de leur apparition, les nombreux livres ou articles qui intéressent ce « Methodenstreit ».

méthodes empruntées aux sciences de la nature : « La notation des hasards est la tâche spécifique de l'historien ». Quel renfort cette conception ne doit-elle pas recevoir des théories d'un Cournot, s'il est vrai que Cournot est par excellence le théoricien du hasard ?

On sait, en effet, quelle large place il réserve dans son système – à l'idée de hasard. Elle est à ses yeux non seulement la clef de la statistique et de l'étiologie historique, mais le « principe de toute espèce de critique [1] ».

« La probabilité mathématique, l'induction, l'analogie, la critique des témoignages et des documents de l'histoire ont cela de commun qu'elles impliquent toutes plus ou moins l'idée du hasard. [2] » Il faut la garder présente à la pensée si l'on veut par opposition reconnaître ce qui mérite le nom de rationnel, – c'est-à-dire précisément l'ordre dont nous ne saurions sans invraisemblance expliquer l'universalité, la simplicité, la beauté par un jeu de rencontres fortuites. L'ordre ne se dessine et ne nous devient sensible que sur un arrière-fond de désordre. Cesser de se présenter l'accidentel, ce serait se condamner à ne plus distinguer l'essentiel. En ce sens la notion de hasard s'érige en une sorte de catégorie de l'esprit, qui serait la condition du fonctionnement des autres.

Mais ce n'est pas assez dire. C'est prêter à la pensée de notre auteur une sorte de subjectivisme qui lui répugne. On sait qu'il s'est efforcé, en discutant les conclusions de la critique kantienne, de maintenir que la raison est fondée en réalité [3], « que nos représentations se règlent sur les phénomènes, et non les phénomènes sur nos représentations, c'est-à-dire que l'ordre qui est dans nos représentations vient de l'ordre qui est dans les phénomènes et non pas inversement ». Il est remarquable qu'il met, à ce point de vue, le principe du désordre sur le même pied que le principe de l'ordre. Il entend démontrer que l'idée du hasard repose, en dernière analyse, non pas seulement sur la nature de notre esprit, mais sur la nature des choses [4].

Par où il se sépare nettement de ceux qui admettent, mais à titre provisoire, ou même comme un pis-aller, l'usage de la notion de

---

1 *Considérations sur la marche des idées et des événements*, I, p. 2.
2 *Matérialisme, Vitalisme, Rationalisme*, p. 311.
3 *Essai sur les fondements de nos connaissances*, II, p. 380.
4 *Matérialisme*, 305.

Célestin Bouglé

contingence. Elle ne marque à leurs yeux que l'ignorance des lois où nous laisse une science imparfaite encore. Que celle-ci élargisse progressivement le cercle lumineux qu'elle projette sur l'univers : on verra se rétrécir de plus en plus, jusqu'à s'effacer définitivement, la zone d'ombre d'où surgissent les accidents inopinés. Cournot pense au contraire que, même pour un esprit tout-puissant, en possession d'une science complète, les accidents garderaient leur réalité propre. Il serait sans doute capable de les prévoir, alors que dans nombre de cas ils se présentent à nous sous les traits de l'imprévu. Mais cette physionomie tout extérieure ne saurait suffire à caractériser leur vraie nature. Il y faut une définition plus objective ; une rencontre prédite peut n'en rester pas moins une rencontre fortuite.

Pour formuler les signes caractéristiques du fortuit, Cournot se sert de deux notions, dont l'une est d'origine géométrique, et l'autre d'origine biologique : la notion de série linéaire et celle du système organique. On peut représenter par une ligne continue la chaîne de raisons qui explique la production d'un phénomène. Que cette chaîne vienne à être traversée par une autre chaîne, que cette ligne soit coupée par une ligne émanée d'un point différent, le résultat de cette intersection doit être qualifié de hasard : un hasard n'est autre chose que la rencontre de deux séries de causes non solidaires. Mais où prenons-nous le droit de représenter comme composant une même série unilinéaire un certain nombre de propositions ? Il nous suffit que les réalités qu'elles expriment soient, en effet, « solidaires », dépendent les unes des autres comme les membres d'un même corps, forment un tout harmonieux, un système. C'est cette notion qui nous permet, de distinguer entre ce qui est dû aux causes « constitutionnelles » et ce qui est dû aux causes « adventices »; et de comprendre finalement que s'il y a, s'il doit y avoir, – fussent-elles prévues, – des rencontres accidentelles dans l'univers, c'est que nous ne pouvons sans invraisemblance « embrasser dans un seul système les lois et les phénomènes de la nature entière [1] ».

Par où l'on voit qu'un hasard n'est pas celte absurdité que serait un fait sans cause [2] ; il suppose, au contraire, le concours de plusieurs

[1] *Essai*, II, 184.
[2] *Considérations*, I, 4.

Chapitre III

causes. Mais on peut dire que c'est un fait sans loi ; car aucune loi n'explique ce concours même. C'est un « pur fait [1] », c'est une « donnée ». Et ainsi, pour nier l'existence du hasard, il faudrait une philosophie assez orgueilleuse, assez confiante dans les puissances déductives de la raison pour contester que la raison même ait à s'incliner devant un certain nombre de faits donnés.

Insister ainsi sur le prix des « faits », n'est-ce pas, en effet, venir an secours de ceux des historiens qui voient, dans les entreprises de la sociologie, on ne sait quel retour offensif de la vieille ambition métaphysique ?

*

**

Mais, seraient-ils portés à conclure que là où règne le hasard la raison ordonnatrice perd ses droits ? et feraient-ils effort pour concentrer, en quelque sorte, afin de mieux distinguer entre les sciences de la nature et les histoires de l'esprit, toutes les puissances du hasard dans le monde humain ? Nous pouvons prévoir alors que sur ces deux points leur pensée serait corrigée, bien loin d'être soutenue, par la pensée de Cournot. Il universalise la notion de hasard ; et par là même on pourrait dire qu'il en atténue la virulence ; il restreint les conséquences anti-rationalistes que l'on en tire. Pourquoi désespérerions-nous, à cause des rencontres fortuites que nous aurons à constater, d'organiser la science sociale, s'il est vrai que déjà, la science de la nature, en s'organisant, a dû compter avec un certain nombre de rencontres du même genre ?

Cournot distingue [2], dans la science de la nature, deux sortes de sciences, les unes reliant en système des vérités éternelles ou des lois permanentes, les autres rattachant les faits actuels à des faits antérieurs, et remontant ainsi jusqu'à des faits originels qu'il leur faut admettre sans explication, faute de connaître les faits antérieurs qui seuls les expliqueraient. Les sciences du premier type seules – telles la physique et la chimie – contemplent la *nature*. Celles du second type – telles la géologie ou la biologie – décrivent le *cosmos*. Mais que ce mot de [mot grec] ne nous fasse pas illusion ; les expressions d'[mot grec] et de [mot grec] ; conviendraient mieux pour qualifier l'objet des sciences que

1 *Traité*, I, 94.
2 *Essai*, II, 267; *Traité*, I, 280.

Célestin Bouglé

Cournot appelle cosmologiques. Ce qui les caractérise, c'est précisément la prépondérance de la donnée historique ; c'est que les explications qu'elles poursuivent les ramènent devant certaines dispositions initiales ou certaines rencontres ultérieures « dont nous n'admettons pas la nécessité en vertu d'une loi [1] ».

Est-ce à dire que la raison n'a rien à attendre de leur effort et qu'elles restent incapables d'aboutir à quelque conclusion proprement scientifique ? N'est-ce pas, observe Cournot, se faire de la connaissance scientifique une idée trop étroite que d'interpréter la formule classique : « il n'y a de science que du général », comme s'il n'y avait de science que de l'éternel et de l'universel [2] ? Il peut se rencontrer des lois – qu'il vaut la peine de dégager – qui soient « fonctions du temps ». Le devenir n'exclut pas l'ordre. Au sein même des variations quelque chose de constant et de commun se discerne. Des généralités, enfin, fussent-elles toutes relatives et conditionnelles, permettent à la raison de se reconnaître dans la multiplicité, des faits coïncidents.

C'est ainsi, – pour mettre les choses au pire, – que la perspective de discerner les lois véritables fût-elle fermée aux sciences cosmologiques, celles-ci auraient encore à relever « l'allure générale » des faits, à les classer, à les ordonner les uns par rapport aux autres selon leur importance respective. Le géographe schématise, par-dessus les accidents de détail, les lignes maîtresses d'un système orographique. Le botaniste, le zoologiste délimitent l'aire et suivent les migrations des espèces végétales ou animales. Le météorologiste enregistre les directions dominantes des vents. On est amené de la sorte à mettre en relief des faits majeurs qui servent comme de charpente ou d'ossature aux séries d'événements particuliers [3].

Il s'en rencontrera, d'ailleurs, parmi les faits de cet ordre, d'assez constants, ou d'assez souvent répétés pour mériter, alors même que la raison théorique nous en échapperait, le titre de lois. « Tous les mammifères ont sept vertèbres cervicales » ; c'est une proposition qui n'est qu'une constatation et qui ne se présente pas à nous avec la même nécessité que celle-ci, par exemple : « Tout globe fluide

---

1 *Matérialisme*, 67.
2 *Essai*, II, 188.
3 *Essai*, I, 203 ; *Matérialisme*, 130.

qui tourne sur lui-même, s'aplatit vers les pôles ». Cependant l'universalité de cette rencontre nous oblige à supposer qu'elle tient à des causes constitutionnelles, qu'elle dépend du type même [1] : si elle n'exprime pas une loi rationnelle, nous pourrons dire qu'elle correspond à une loi empirique. Des lois de ce genre, connotant des coexistences ou des successions, toutes les sciences cosmologiques en découvrent de plus en plus, – qu'il s'agisse non seulement des « harmonies » du monde végétal ou animal, mais des retours périodiques ou des développements réguliers qui s'observent dans les transformations de la terre et des astres. Et ainsi du milieu de l'[mot grec] auquel elles s'appliquent, on voit qu'il leur est permis de dégager, non seulement des faits majeurs, mais des tendances générales, révélatrices d'un ordre plus large et plus profond.

Au surplus, pourquoi leur défendrait-on *a priori* l'ambition de reconnaître, dans ce chaos même, l'action des lois qui mériteraient le nom de lois rationnelles ? La présence de la donnée historique n'est pas exclusive de la théorie. L'astronomie en est le plus bel exemple qui, sans doute, reste par un côté, selon l'expression de Laplace, un problème de mécanique céleste, et qui, cependant, doit accepter, à titre de faits inexplicables rationnellement, un certain nombre de « collocations », comme dit Stuart Mill, certains rapports donnés de distances et de masses sans lesquels les planètes n'auraient pu suivre la courbe déterminée qu'elles ont suivie. Au vrai, toutes les sciences théoriques qui s'appliquent au réel n'ont-elles pas à tabler de la sorte sur un minimum de données historiques [2] ? Cela même explique que les sciences cosmologiques puissent, au moins sur quelques points et en quelque mesure, devenir théoriques.

Il faudrait donc, si l'on veut comprendre pleinement la pensée de Cournot et en mesurer les conséquences, se garder de s'arrêter, comme à une opposition irréductible, à la distinction qu'il propose entre les sciences de la *nature* et celle du *cosmos*. Au fond, toute science des phénomènes a affaire par un côté à celui-ci, par un côté

---

1 *Traité*, II, 351.
2 Sur ce point, il semble qu'on puisse saisir un progrès dans la pensée de Cournot. Dans son dernier ouvrage (*Matérialisme*, p. 72), il n'affirme plus aussi nettement que les sciences physiques et chimiques aient le privilège de se passer de tout élément historique. En tout cas, il eût été prêt à accepter les expériences et les théories récentes qui rendent, même dans l'ordre de ces sciences, son importance à cet élément.

Célestin Bouglé

à celle-là. Il y a du théorique partout, et de l'historique partout. Il reste que la proportion des deux éléments varie grandement. Mais les sciences mêmes, qui ont à tenir le plus de compte des hasards, ont aussi, pourrait-on dire, des comptes à rendre à la raison : l'espoir ne leur est pas interdit non seulement de discerner des faits dominants, mais de démêler des tendances générales, peut-être même de formuler les lois rationnelles.

Dans quelle mesure l'histoire proprement dite – l'histoire appliquée aux sociétés humaines – peut-elle prendre sa part de ces diverses espérances ? C'est ce qu'il nous reste à rechercher.

*

**

Un volcan a son histoire comme une ville. Le développement de la nature, aussi bien que celui des sociétés humaines, implique des faits inexpliqués pourtant nécessaires aux explications. Mais il est clair que lorsqu'on passe de la nature aux sociétés, le nombre et le prix de ces faits montent brusquement. « On nage ici en pleine histoire », dit Cournot ; c'est-à-dire que la part du hasard est si démesurément grossie qu'il semble au premier abord que la raison n'ait plus qu'à abdiquer.

Et, en effet, on relèverait bien des expressions de Cournot qui semblent accorder que l'effort d'organisation scientifique est désormais hors de propos. Ce n'est plus le temps, ici, de faire abstraction des individus : « l'individuel, le fait particulier avec ce qu'il a de privativement caractéristique est ce qui fixe et doit fixer notre attention » ; l'influence des « grandes individualités », les « coups de la Fortune », les « singularités de la destinée », voilà ce qui passe fatalement au premier plan [1].

Est-ce donc à dire que l'histoire proprement dite ne doive être autre chose qu'une notation de coïncidences ? Cournot est bien loin de le penser, qui fait observer que des annales, où l'on se serait borné à consigner tous les faits réputés merveilleux ou singuliers, – naissances de monstres et apparitions de comètes, inondations et épidémies, – ne mériteraient à aucun degré le nom d'histoire, précisément parce que les faits rapportés ne seraient en aucune manière liés les uns aux autres. Il est vrai qu'inversement, s'il

---

1 *Traité*, II, 322.

s'agissait d'un registre où seraient relevés des phénomènes soumis à des lois régulières, – oppositions ou conjonctions de planètes, retours d'éclipses ou de comètes périodiques, – on n'aurait pas non plus d'histoire. Il faut qu'il y ait une part faite au hasard et que tout ne soit pas livré au hasard. Il n'y a pas d'histoire, dans le vrai sens du mot, pour une suite d'événements qui seraient sans aucune liaison entre eux. Il n'y en a pas non plus « là où tous les événements dérivent nécessairement et régulièrement les uns des autres en vertu des lois constantes par lesquelles le système est régi ». La discipline de l'historien apparaît, en ce sens, comme un genre hybride, intermédiaire entre la déduction et la narration. Ce qui donne sa teinte propre à son œuvre, c'est précisément « un certain mélange de lois nécessaires et de faits accidentels [1] ».

Cette définition permet d'entrevoir la fonction que Cournot va assigner à ce qu'il appelle l'*étiologie historique* : séparer non seulement l'accidentel du nécessaire, le fortuit du constitutionnel, mais l'insignifiant de l'important, établir non seulement dans quels cas les séries de causes qui se rencontrent pour la production d'un phénomène étaient réellement indépendantes, dans quels cas elles étaient solidaires et dérivaient d'un système plus général, mais marquer celles de leurs conséquences qui passent et celles qui restent, c'est à cet effort méthodique que doit se hausser l'historien pour se distinguer du fabricant d'annales ou de gazettes.

Par où l'on devine ce que Cournot pense de ceux qui se plaisent, pour expliquer les destinées des nations, à mettre en vedette des « petites causes : le nez de Cléopâtre, le grain de sable dans l'urètre de Cromwell, le verre d'eau de lady Churchill, etc. Bonnes pour réveiller l'admiration, ces anecdotes ne sauraient apporter à la raison une explication suffisante. La raison réclame une certaine proportion entre la cause et l'effet. Si les incidents relatés ont entraîné les conséquences lointaines qu'on leur attribue, c'est sans doute que leur impulsion se rencontrait, collaborait avec l'opération de forces profondes et continues, de causes intimes et générales. Laisser celles-ci dans l'ombre, c'est vouloir expliquer l'explosion par l'étincelle, ou l'avalanche, comme le proposera Tarde, par le coup d'aile de l'oiseau qui effleure la neige. C'est préférer injustement les

---

1 *Considérations*, I, 6 ; *Matérialisme*, 229 ; *Essai*, II, 201 *Traité*, II, 310.

Célestin Bouglé

causes occasionnelles aux *raisons* constitutionnelles [1].

Qui fait effort pour tirer au jour ces *raisons* se défiera non pas seulement des explications par les petits incidents, mais des explications par les grands accidents que l'histoire politique détache. On a justement observé de nos jours que les historiens les plus défiants à l'égard des tendances sociologiques sont les historiens de la politique, habitués qu'ils sont à compter avec des crises décisives, guerres ou révolutions, qui semblent orienter l'évolution des peuples en des sens inattendus. Cournot avait pris la précaution de dénoncer l'étroitesse des conceptions où font verser ces habitudes ; il avait indiqué que la vie politique, si ses manifestations sont les plus frappantes pour l'imagination, est peut-être aussi la plus superficielle, et qu'il importe autrement, pour s'expliquer les destinées des nations, de suivre, d'une part, les transformations de leur vie matérielle, la succession de leurs manières de produire, de vendre ou de consommer ; d'autre part, les transformations de leur vie intellectuelle, la série des découvertes dont les résultats, lorsqu'ils arrivent à l'organisation logique et à l'application industrielle, commandent de proche en proche tout le reste. Il avait ajouté qu'en tout cas il était de bonne méthode d'essayer de discerner, sous les « accidents révolutionnaires », les « lois des siècles »; de montrer par quelles évolutions lentes les brusques catastrophes étaient préparées, d'escompter, en distinguant les cas, ce qu'en dehors même de ces catastrophes ces évolutions auraient pu spontanément accomplir [2].

La Révolution française est sans doute un des accidents les plus « colossaux » qu'ait eu à enregistrer l'histoire ; elle se laisse comparer aux cataclysmes naturels ; elle a déchaîné un mouvement général capable d'entraîner bon gré mal gré toutes les forces individuelles. A-t-elle fait autre chose, cependant, que porter le dernier coup à des institutions qui n'avaient plus la force de se défendre ? Louis XVI eût-il été un Napoléon, le sort de sa dynastie n'en était pas moins écrit. Ajoutons que, en dehors même de cette crise politique, il est permis de penser que l'Europe eût connu la même rénovation économique qui, par le perfectionnement des moyens de production, par la multiplication des communications,

---

1 *Considérations*, I, 10.
2 *Considérations*, I, 12.

Chapitre III

par l'accroissement de la quantité d'or circulant, a bouleversé la distribution de la propriété les rapports des classes, « tout ce qui tient à la composition intime du corps social ». Au fond était-il besoin que les droits de l'homme fussent proclamés au milieu du tonnerre et des éclairs pour que les nations occidentales ressentissent l'indignité de l'esclavage, ou la nécessité de ne plus subordonner les droits civils aux croyances religieuses, voire même pour que le XIX⁰ siècle se montrât « démocrate et niveleur » [1] ? Sans méconnaître donc l'intérêt historique des coups de fortune – maladresses royales ou audaces populaires – qui ont pu hâter le mouvement de la Révolution, l'historien se préoccupera, pour en rendre les conséquences plus aisément intelligibles, de faire ressortir les raisons profondes auxquelles ce mouvement devait finalement obéir.

Il y a donc des cas où l'analyse historique est à même de conclure que telle solution s'imposait, tôt ou tard. La balance des forces penchait en sa faveur. La chiquenaude des incidents peut bien accélérer, non contrarier, le mouvement. *Fata viam inveniunt.* Dans d'autres cas, au contraire, la balance était indécise. On conçoit qu'elle aurait pu, à la rigueur, pencher soit dans un sens, soit dans l'autre. Les incidents reprennent alors de la gravité. Il appartient à l'historien de dresser ces bilans, qui laissent aux caprices du sort une marge plus ou moins grande. Il n'a pas à nier la puissance du hasard, mais à lui faire sa part. Et cette part ne saurait être mesurée *a priori*. C'est une question d'espèce.

On comprend dès lors l'attitude que va prendre notre philosophe dans le problème des grands hommes, et comment, sans nier en aucune façon leur influence, il exhortera cependant les historiens à projeter la lumière sur les diverses circonstances qui la secondent, et dont le concours la rend en quelque sorte moins miraculeuse.

D'une manière générale, son effort pour substituer à l'admiration des causes la considération des raisons nous permet de prévoir quelle réponse il eût réservée à ceux qui pensent qu'on ne saurait, sans montrer à l'œuvre les individualités qui les produisent, expliquer clairement les événements historiques. Cette confusion entre la notion d'agent efficient et celle de raison explicative est sans doute une de celles qui ont accumulé le plus de nuées sur la

1 *Considérations*, II, 387, 423, 247, 271.

Célestin Bouglé

route de la science sociale. Cournot faisait justement observer qu'à côté des causes dites actives – le geste de mon bras qui jette un dé, – des causes passives interviennent – l'irrégularité de structure du dé – qui parfois donnent seules la clef de telles rencontres répétées. Ainsi, derrière les démarches des personnages appelés à figurer sur la scène de l'histoire, il est permis, – sans constituer pour autant un monde d'entités stériles, – de rechercher la pression des situations, des institutions, des milieux [1].

Par un autre côté encore les théories de Cournot sont propres à limiter les explications individualistes. C'est que nul n'a plus insisté sur ce que, en thèse générale, l'individu doit à la société. « L'âme est fille de la cité » ; – « la raison est un produit autant qu'un facteur de la civilisation », les formules de ce genre que nous entendons répéter aujourd'hui sont autant de variations sur un thème déjà magistralement développé par Cournot. À ses yeux il y a une disproportion entre l'organisme individuel et les facultés individuelles : c'est qu'entre les deux un *médiateur* s'est interposé, qui « n'est autre que le milieu social, où circule cette vie commune qui anime les races et les peuples ». Comte avait donc tort, pense-t-il, de présenter la psychologie comme une branche des sciences biologiques : c'est bien plutôt la sociologie qui lui fournira de la sève. L'individu isolé n'est qu'une abstraction : « l'homme, tel que les philosophes le conçoivent, est le produit de la culture sociale [2] ».

Il n'est donc pas étonnant que Cournot veuille qu'on recherche, jusque dans le génie des hommes qui sortent du commun, les marques de cette culture et du milieu qui la leur a transmise. Il ira jusqu'à dire que les préoccupations et les habitudes qui régnaient dans les universités anglaises du XVIIe siècle, mieux que quelques détails de la structure de son cerveau, expliquent le tour d'esprit de Newton. Plutôt que le produit de la combinaison de quelques éléments anatomiques, Homère nous apparaît comme le reflet de la vie sociale des Hellènes de son temps. Bossuet est un « fils de l'Église » plus encore qu'un Père de l'Église : le génie du fils reproduit en les embellissant tous les traits du génie de la mère. « Si, parfois, les facultés supérieures de l'individu agissent puissamment sur la société, il arrive plus souvent que la société réagisse sur l'individu

---

1 *Considérations*, I, 11.
2 *Traité*, I, p. IV ; II, 2 ; *Matérialisme*, 192.

en tirant de ses facultés tout ce qu'elles peuvent donner [1]. »

Ce n'est donc pas assez de constater que la société rend possible le développement de ces facultés ; on peut soutenir que, jusqu'à un certain point, elle le rend nécessaire, et que les situations, à force de les exiger, suscitent les inventions. « En tout genre le besoin plus grand qu'on a actuellement d'un grand homme favorise, sinon la production du germe avec ses qualités natives, du moins son développement, et par conséquent le phénomène historique de l'apparition d'un grand homme. » La naissance d'un génie hâte sans doute l'avènement d'une idée. Il cueille les fruits un peu avant qu'ils soient mûrs ; mais vienne leur point de maturité, ne se serait-il pas trouvé toujours quelqu'un pour les cueillir ? Il est donc légitime d'essayer de distinguer, de ce qui revient aux caprices du génie, ce qui appartient à la force des choses.

Le tempérament d'un Luther est sans aucun doute pour quelque chose dans l'allure caractéristique de la révolte protestante : il est pourtant vraisemblable que sans lui le besoin se serait fait sentir, et aurait trouvé moyen de se satisfaire, d'un retour à un christianisme plus rapproché de la Bible et plus détaché de la puissance ecclésiastique [2]. L'autorité intelligente et ferme d'un Richelieu a hâté l'unification du royaume : qui doute cependant que le système féodal fût dès longtemps condamné, et que tôt ou tard toutes ses survivances dussent disparaître ? Dans d'autres cas l'influence « perturbatrice » du génie est plus évidente. Qu'une période de guerres de la France avec l'Europe se soit ouverte après l'explosion révolutionnaire, cela n'a rien d'accidentel et il semble qu'on pût le prévoir, mais « qu'un génie prodigieux se soit trouvé tout exprès pour remplir le rôle de dictateur militaire avec un éclat une grandeur, une audace, un succès théâtral qui semblent appartenir à un autre âge du monde, c'est là un hasard vraiment merveilleux [3] ».

Il ne s'agit donc pas de nier le prix des grandes individualités ; mais il importe de délimiter, en distinguant les cas, le champ laissé à leur action, de compter les forces qui la secondent et celles qui l'entravent, d'établir quelles raisons générales rendaient ici quasi

---

1 *Matérialisme*, 190 ; *Considérations*, II, 108, en note.
2 *Considérations*, I, 183.
3 *Considérations*, II, 392.

Célestin Bouglé

impossible et là quasi indispensable l'accomplissement de leurs volontés. En d'autres termes, sous quelque forme qu'il se présente, l'apparition du hasard ne doit pas déconcerter la raison, la débouter, d'un coup, de toutes ses ambitions ordonnatrices. Là même où les rencontres fortuites sont en quelque sorte la règle, – au milieu même de la multiplicité indéfinie des événements de l'histoire humaine, – il y a un ordre à retrouver, des points fixes à repérer, des faits majeurs à mettre en relief. Quand donc il serait vrai que la philosophie de l'histoire eût fait définitivement banqueroute, cela ne prouve pas encore que l'historien n'ait d'autre tâche que de faire ressortir, comme disent aujourd'hui quelques méthodologistes, le « moment individuel ». La loi du progrès antithétique de Hegel., celle des *ricorsi* de Vico, celle même des trois états d'Auguste Comte méconnaissent les contingences ? Ce n'est pas une raison pour que le respect des contingences nous fasse méconnaître la hiérarchie des faits et leurs rapports de subordination.

« Qu'il y ait ou n'y ait pas de *lois* dans l'histoire, il suffit qu'il y ait des *faits*, et que ces faits soient tantôt subordonnés les uns aux autres, tantôt indépendants les uns des autres pour qu'il y ait lieu à une critique dont le but est de démêler ici la subordination et l'indépendance [1].

*
**

Ne peut-on aller plus loin, et n'est-il pas permis d'espérer que l'histoire humaine, non contente de discerner des faits majeurs, saura dégager aussi des tendances générales et formuler des espèces de lois empiriques, approchant, par exemple, de celles qu'enregistrent, nous l'avons vu, les sciences de la vie ?

Les leçons mêmes de ces sciences pourraient peut-être, à cet égard, nous guider utilement, et nous aider à découvrir des harmonies sociales analogues à l'harmonie vitale, des régularités de coexistence ou de succession contre lesquelles les accidents historiques ne sauraient finalement prévaloir.

N'est-il pas remarquable d'abord que, si l'on considère une société dans son ensemble, on a le sentiment qu'elle est soumise à la loi générale de la vie : non seulement elle forme un tout cohérent

---

1 *Considérations*, I, p. III.

au mouvement duquel les parties se subordonnent, mais dans le mouvement de ce tout on reconnaît des phases ; elle croît et elle dépérit, elle connaît les progrès et le déclin, la jeunesse et la vieillesse.

Cette assimilation du corps social à un corps vivant s'impose, – leurs expressions involontaires le prouvent,– à ceux-là même qui s'en défient : tout se passe dans une société comme si un principe actif, d'ailleurs sujet à user son énergie, faisait conspirer les actions diverses de ses éléments [1].

Considère-t-on, d'ailleurs, à part les principaux « organes » de la vie sociale, les analogies seront plus frappantes encore. On peut dire qu'une langue forme comme un tout organisé ; une même tendance générale, un même génie anime les éléments qui la constituent ; leurs transformations obéissent à de certaines lois, qui semblent elles-mêmes dépendre d'un idéal directeur. Et ces transformations sont sans doute l'œuvre des hommes, mais l'œuvre inconsciente, instinctive, irraisonnée, vraiment analogue à une élaboration organique. De même n'est-ce pas comme le résultat d'une élaboration analogue, d'une « action lente et cachée » due à des causes « étrangères à la délibération humaine [2] » qu'il faut se représenter le droit primitif ? Ici encore des instincts plutôt que des conventions président au développement des formes. On en pourrait dire autant, toutes choses égales d'ailleurs, de l'organisation et de l'évolution des premières croyances religieuses. En ces matières, Cournot est heureux d'utiliser l'autorité des Savigny, des Max Müller, des Renan [3]. Il se félicite des images empruntées par les diverses disciplines historiques aux sciences de la nature vivante ; il y voit une preuve de cette rénovation que le vitalisme devait, suivant lui, procurer à la pensée du XIXe siècle [4].

Est-ce à dire que Cournot n'ait fait autre chose, en dépassant sa conception de l'*étiologie*, que d'ouvrir les voies à la sociologie biologique ? Et nous arrêterons-nous à cette conclusion, que la seule tentative pour ordonner la connaissance des sociétés qui puisse s'autoriser de lui est précisément celle qui ne s'est réalisée

1 *Matérialisme*, 191.
2 C'est une expression de Guizot, que Cournot aime à, citer (Voir *Matérialisme*, 191).
3 *Traité*, II, 439; II, 81; II, 57.
4 *Considérations*, II, 160.

Célestin Bouglé

qu'en transposant, à leur usage, les concepts élaborés par les sciences naturelles ?

Il faut observer d'abord que si Cournot a établi, comme nous venons de le voir, la légitimité et ce qu'on pourrait appeler l'utilité heuristique de cette transposition, il a marqué avec soin les limites qu'elle ne devrait pas outrepasser. Il paraît ainsi d'avance la plupart des critiques que la « théorie organique » s'est attirées. C'est ainsi qu'il accorde que le langage, par exemple, n'est pas à proprement parler une chose vivante ; il eût reconnu que la « vie des mots » est une expression équivoque ; les mots ne sont que des « produits de la vie » ; mais, dans les produits de la vie aussi, par exemple dans les carapaces ou les coquilles, on reconnaît les marques d'une élaboration organique [1]. Pour prêter aux sociétés une puissance d'élaboration de ce genre, il n'est nullement porté à leur attribuer une entéléchie spéciale, et il avertit que ce serait perdre son temps que de chercher le siège de l'âme collective. Au vrai, l'on s'égare lorsque l'on veut comparer, fonctions par fonctions, les sociétés à des organismes supérieurs dûment différenciés et centralisés. Elles se rapprocheraient plutôt du polypier que du corps humain [2]. Au surplus, pourquoi vouloir à toute force découvrir, dans la série des organismes, les modèles de nos groupements ? C'est encore se lancer sur une fausse piste que de répéter que la société imite la nature. En réalité, corps vivants et corps sociaux sont soumis les uns et les autres à certaines lois d'organisation, plus générales que les lois étudiées par la biologie proprement dite, et qui s'imposent à tous les êtres formés d'éléments coordonnés en systèmes [3]. S'agit-il de comprendre comment cette organisation s'institue, Cournot n'est pas éloigné de penser –fidèle à sa doctrine qui veut que les phénomènes vitaux, intermédiaires entre la matière et l'esprit, soient aussi les plus obscurs – qu'une analyse de ce qui se passe dans les sociétés, nous faisant saisir des faits d'entraînement, d'imitation, d'analogie [4], nous éclairerait autrement qu'une analyse de ce qui se passe dans les organismes. Et ainsi il prépare l'argumentation qu'un Tarde, par exemple, dirigera contre les organicistes, en leur reprochant de vouloir expliquer le plus clair par le plus obscur.

1 *Matérialisme*, 198.
2 *Matérialisme*, 189 ; *Considérations*, II, 400.
3 *Traité*, I, 350.
4 *Traité*, II, 57-77, 179.

Chapitre III

Mais, surtout, ce qui distingue radicalement Cournot de nos organicistes, c'est qu'à ses yeux l'analogie biologique, ne vaut que provisoirement, ne s'applique qu'à une phase déterminée de l'existence des sociétés, ne convient qu'à leurs formes primitives. Au fur et à mesure qu'elles se développent il se révèle qu'elles sont des *mécanismes,* en même temps que des *organismes,* et qu'à vrai dire la part du mécanique, de plus en plus, l'emporte sur la part de l'organique [1]. Ne voit-on pas les différents organes de la vie collective perdre en quelque sorte leurs qualités d'organes pour prendre l'aspect d'instruments ? À ce compte ils deviennent, comme les instruments mêmes, capables d'un progrès indéfini. Leurs éléments échappent à cette nécessité du déclin qui est comme la rançon de la spontanéité de la croissance. Mais, en même temps qu'ils deviennent plus maniables, plus utilisables à la raison, ils sont privés de cette beauté plastique qui est le cachet de la nature vivante. « Les langues fixées par l'écriture, par l'imprimerie, par la législation grammaticale, par les institutions pédagogiques et par toutes celles qui s'y rattachent deviennent les instruments d'une civilisation avancée et capable d'un progrès indéfini, sous la condition de poursuivre le vrai, l'utile plutôt que le beau [2]. » Le droit, de même, perd de son originalité primitive ; ses formes solennelles étaient intimement liées aux instincts des consciences populaires. Au fur et à mesure que la force plastique de ces instincts diminue, – neutralisés qu'ils sont par la fusion même des premières sociétés, – « le droit se dépouille de ce qu'il avait de plus original, mais aussi de plus rigoureux ; il devient plus flexible et plus *humain,* c'est-à-dire qu'il s'accommode mieux aux principes de la raison universelle, et à ce qu'il y a de plus général dans les conditions de la nature humaine, abstraction faite des nécessités de certaines conjonctures et des habitudes locales [3] ». Ce n'est pas assez dire que de remarquer que le droit devient plus logique, en passant de la phase de la coutume à la phase des codes. Celle-ci même est bientôt dépassée, pour que le droit devienne plus pratique. La multiplicité indéfinie des décrets et règlements administratifs, plus immédiatement utilisables, se substitue à la belle ordonnance des constructions des juristes.

---

1 *Traité*, II, 17.
2 *Traité*, II, 112.
3 *Traité*, II, 182 ; *Matérialisme*, 312.

Célestin Bouglé

On peut définir le sens général de ces transformations diverses en disant qu'en toute matière sociale les points de vue de l'économiste tendent à prédominer. Ce qui se mesure prend de plus en plus d'importance aux yeux de tous. La société s'organise désormais de manière à laisser passer les intérêts positifs. Ils finiront par prévaloir même sur les passions politiques. Et l'on peut prévoir un moment où la tâche de l'État consistera en effet dans « l'administration des choses bien plutôt que dans le gouvernement des personnes [1] ». Dans cet ordre aussi on verra se vérifier les lois si apparentes dans l'histoire de la monnaie, qui montrent comment triomphe finalement « la commodité d'un système uniforme [2] ». La part des préférences traditionnelles, celle des influences proprement morales et politiques ira en s'atténuant « de manière à dégager ce qui tient essentiellement à la structure et au mécanisme des sociétés » ; – alors, et alors seulement, une véritable *physique sociale* deviendra possible [3].

Il y a donc lieu de distinguer [4], parmi les éléments du développement historique de l'humanité, ceux qui sont soumis à la loi de la croissance et du dépérissement successifs, dont le type est fourni par le langage et le droit spontanés, – et ceux qui sont capables d'un perfectionnement indéfini, – dont le type est fourni par la science et l'industrie. Le mode de développement des premiers peut être dit organique ; celui des seconds est plutôt mécanique. Que ceux-ci gagnent du terrain et finalement enveloppent ceux-là, on y verra à bon droit, en même temps que la domination du mécanique sur l'organique, la domination de l'universel sur le particulier, et du permanent sur l'éphémère. Et c'est précisément cela qu'on appelle la civilisation. Si elle n'est pas, comme on l'a dit souvent, le triomphe de l'esprit sur la matière, elle est « le triomphe des principes rationnels et généraux des choses sur l'énergie et les qualités propres de l'être vivant ». Elle fait de plus en plus prévaloir « ce qu'il y a d'universel dans la nature humaine ». Elle tend à substituer, dans les sociétés, « le mécanisme calculé ou calculable à l'organisme vivant, la fixité des combinaisons arithmétiques et

1 Cournot n'emploie pas lui-même cette expression, empruntée au vocabulaire socialiste, mais elle, résume assez exactement sa pensée.
2 *Revue sommaire des doctrines économiques*, p. 160.
3 *Considérations*, II, 87.
4 *Traité*, II, 345.

logiques au mouvement de la vie,... la raison à l'instinct [1] ».

Progrès qui n'a rien que de conforme, à vrai dire, aux tendances les plus générales de l'univers. Les inductions de l'histoire ne font que confirmer, de ce point de vue, les inductions de la physique. La science ne nous enseigne-t-elle pas que, même aux étages inférieurs de l'être, « l'ordre actuel n'a pas toujours subsisté, et que des phénomènes aujourd'hui réguliers, permanents ou périodiques, ont dû être amenés graduellement à cet état de régularité, de permanence ou de périodicité ? » Comme le monde de l'histoire, le monde de la nature ne tend-il pas vers la stabilité « en se débarrassant successivement des causes accidentelles de désordre [2] » ? En ce sens on pourrait dire que, dans la nature comme dans l'histoire, l'ordre n'apparaît, aux yeux de Cournot, que comme un fruit du progrès. Les sociétés humaines dans leurs développements n'ont donc pas fait autre chose – et ne pouvaient faire autrement – que de « s'adapter au plan général de la nature dans la construction du monde [3] ».

De ce mouvement de la pensée de Cournot, quelles conséquences méthodologiques tirerons-nous ? Nous constaterons d'abord que Cournot est loin de s'en tenir ici à l'étiologie historique proprement dite. Il ne se contente pas de discerner, par des analyses critiques, des séries d'événements indépendantes ou solidaires, des faits dominants ou subordonnés ; il embrasse dans ses formules synthétiques Non seulement l'évolution particulière des ensembles sociaux, mais l'évolution générale de la civilisation dans laquelle débouchent finalement toutes les évolutions particulières ; il présente même cette évolution de la civilisation comme un cas particulier de la loi qui régit l'évolution du monde ; il reconnaît, dans le devenir historique, le plan de la nature. Qu'est-ce à dire sinon que, malgré ses défiances plus d'une fois formulées, il échafaude à son tour un système de philosophie de l'histoire ? Système moins étroit peut-être, plus compréhensif que ceux auxquels la philosophie de l'histoire nous a habitués. S'il commence comme celui de Spencer, il finit comme celui de Comte. Il utilise les analogies fournies par les sciences physiques après avoir utilisé celles fournies par les

---

1 *Ibid.*, II, 17, 32, 239.
2 *Traité*, I, 306 ; *Considérations*, I, 286 ; *Essai*, I, 366.
3 *Revue sommaire des doctrines économiques*, 61.

Célestin Bouglé

sciences biologiques. S'élevant de la notion de cycle à la notion de progrès, il revêt à nos yeux les aspects changeants d'une sirène : naturaliste par le corps, il est rationaliste par la tête ; ce n'en est pas moins un système, dépendant de partis philosophiques une fois pris, et dominant de singulièrement haut la variété des faits historiques.

À vrai dire, la critique peut-elle se passer de système ? L'étiologie historique est-elle capable de se constituer sans une philosophie de l'histoire ? Du moment où l'on accorde qu'il faut retrouver la hiérarchie des événements particuliers et que, loin qu'il suffise de les relater selon leur ordre de succession, il importe de les classer selon leur ordre d'importance, on reconnaîtra bientôt que, pour mesurer cette importance, une « table des valeurs » est nécessaire, qui impliquera quelque théorie générale. En fait, lorsque Cournot cherche à dégager l'enchaînement des idées et des événements dans les temps modernes, il est permis de penser que s'il fait passer au premier plan l'ordre des découvertes scientifiques, accélératrices du progrès universel et indéfini, cela tient à l'idée qu'il s'est faite de ce qui définit le sens et constitue le prix de la civilisation, idée elle-même apparentée à ses vues sur le rythme essentiel de là nature. Il ne serait pas malaisé de saisir aujourd'hui, chez nombre d'historiens qui se croient beaucoup plus délivrés de toute philosophie, l'action, persistante, plus ou moins bien cachée, de vues analogues. On prouverait ainsi par le fait que la construction historique ne cesse, consciemment ou inconsciemment, d'emprunter les matériaux taillés par la spéculation.

Mais, en dehors et comme au-dessous des spéculations très générales, dont Cournot vient de nous donner un exemple, n'est-il pas permis d'espérer que l'étude des sociétés se pliera à des inductions plus limitées et plus précises, telles, enfin, qu'on puisse constituer, en les coordonnant, des systèmes particuliers de notions vérifiables qui mériteraient le nom de sciences sociales ?

Il semble que les théories de Cournot se prêtent à cette espérance. Et, en effet, il ne se contente pas de tracer la courbe imposante selon laquelle les sociétés humaines passent de l'état de nature à l'état de raison. Il remarque qu'aux deux extrémités de la courbe, dans l'état premier et dans l'état dernier, les sociétés se dérobent moins aisément aux prises de la science : les principes d'irrégularité, de désordre, d'innovation qui gênent ses démarches n'ont pas encore gagné, ou ont peu à peu perdu leur puissance ; l'influence des circonstances fortuites et des initiatives inattendues est contenue, ici, par l'automatisme des instincts et, là, par la conscience des intérêts.

On peut donc penser que l'histoire proprement dite, ne prend du champ que dans les phases intermédiaires, s'il est vrai qu'il n'y a d'intérêt spécialement historique que là où l'on voit se rencontrer, sur le théâtre des siècles, les grands personnages et la Fortune [1]. « Effectivement c'est entre les deux termes extrêmes du développement des sociétés que les hommes supérieurs en tout genre, conquérants, législateurs, missionnaires, artistes, savants, philosophes, exercent le plus d'ascendant sur leur siècle, et que les coups de la Fortune ont le plus de retentissement et de force ; parce que son pouvoir capricieux n'est pas contenu au même degré, ni par les instincts primitifs de la nature et par une nécessité que l'on pourrait nommer vitale ou organique, ni par une autre nécessité dont le principe est plus abstrait, mais dont la puissance n'est pas moindre, et que l'on pourrait nommer physique ou économique parce que c'est elle qui finalement détermine (en plus grande partie du moins) l'économie des sociétés, en réprimant les uns par les autres tous les instincts individuels. Donc, de même que les sociétés, humaines ont subsisté avant de vivre de la vie de l'histoire, ainsi l'on conçoit qu'elles peuvent non pas précisément atteindre, mais tendre à un état ou l'histoire se réduirait à une gazette officielle servant à enregistrer les règlements, les relevés statistiques, l'avènement des chefs d'État et la nomination des fonctionnaires, et cesserait par conséquent d'être une histoire selon le sens qu'on a coutume de donner à ce mot. » – « Nous sortons, ajoute Cournot, de la phase historique où les caprices du sort et les actes de vigueur personnelle et morale ont tant d'influence pour entrer dans celle où l'on balance et suppute les masses, la plume à la main, où l'on peut calculer les résultats précis d'un mécanisme régulier. » Ce que l'on peut exprimer encore en disant que l'histoire s'absorberait peu à peu dans « la science de l'économie sociale ».

Il y a donc une phase *post-historique* comme il y a une phase *préhistorique*. Dans celle-là comme dans celle-ci l'influence

---

1 *Traité*, II, 343.

Célestin Bouglé

perturbatrice, l'excentricité des rencontres particulières doit être plus rapidement compensée par le poids des « nécessités » ; les régularités des actions individuelles seront plus aisément saisissables ; et, par suite, ce qui tient aux constitutions sociales ressortira plus nettement. C'est dire que Cournot ne se contente pas de décrire les tendances les plus générales de l'évolution humaine ; il laisse entrevoir qu'à certaines de ses phases au moins on pourrait formuler, pour des cercles de phénomènes plus limités, des sortes de lois théoriques plus précises. C'est dire encore qu'il ne nous démontre pas seulement la nécessité d'une philosophie de l'histoire ; il indique la possibilité des sciences sociales.

Mais jusqu'où finalement ces sciences pourraient-elles espérer d'étendre leur conquête ? Pour en décider il faut analyser les procédés par lesquels Cournot lui-même démêle, non plus seulement des faits majeurs ou des tendances générales, mais des lois théoriques, et se demander dans quelle mesure ces procédés se laisseraient généraliser.

*
**

C'est sur l'économie politique proprement dite, on le sait, qu'a porté le plus spécialement l'effort de Cournot pour ordonner rationnellement les faits. Et il a pu la rendre, en effet, théorique au point de l'apparenter, du moins par certains de ses côtés, à la famille des sciences mathématiques. Il y transpose des concepts dont on use pour la mesure des phénomènes matériels. Il propose d'appeler *densité économique* ou densité de valeur d'une denrée la valeur de cette denrée pour l'unité de poids. Il espère qu'on pourra établir quelque jour une table des *équivalents* économiques ou industriels, et constituer une *cinématique* des valeurs. Il montre que le principe d'économie ou de la *moindre action* trouve son application dans la banque comme dans la mécanique. Il propose, enfin, des formules qui permettent de calculer comment la demande varie en fonction du prix [1].

Quelle place son œuvre mérite d'occuper, en raison de ces innovations, dans l'histoire des doctrines économiques, et sur quels points cette application des mathématiques pourrait s'étendre

---

1 *Principes de la théorie des richesses*, 42, 61, 216.

Chapitre III

avantageusement, il ne nous appartient pas de le rechercher ici. Il nous importe seulement de définir le procédé qui lui permet de dégager ainsi, de la multiplicité des faits, des rapports rationnels.

Sans doute on peut dire que d'eux-mêmes, et de plus en plus, les faits mettent en relief ceux de ces rapports qui sont d'ordre économique, s'il est vrai, comme nous venons de le voir, que le progrès de la civilisation générale augmente l'importance relative de ce qui s'évalue, se mesure, se compte, et fait passer au premier plan ces phénomènes de masses par lesquels s'expriment, au-dessus des variations individuelles, les tendances de l'intérêt collectif. Il n'en reste pas moins que, pour découvrir ces tendances, il a fallu faire abstraction d'un certain nombre d'occurrences perturbatrices. Le physicien déjà ne fait-il pas abstraction de la viscosité lorsqu'il veut étudier les lois de l'équilibre des liquides ? Le géomètre, de son côté, n'évite-t-il pas de mêler la physique à des théories qui sont du ressort des mathématiques pures ? Ainsi l'économiste fera légitimement abstraction des soubresauts de la politique pour traiter certaines questions d'un point de vue purement économique. Bien plus, pour établir les valeurs sur lesquelles il doit spéculer, il supposera réalisées certaines conditions idéales, Pour montrer, par exemple comment le prix règle la consommation ou la demande, et la demande à son tour la production, il imaginera un marché parfait, une facilité d'échanges, une mobilité commerciale qui ne laissent subsister aucun frottement. C'est en ce sens que Cournot devait montrer que le *laissez-faire, laissez-passer* est bien une des conditions de l'idéal des économistes : entendons, de leur idéal théorique. En supposant abaissées toutes les barrières qui arrêtent la circulation des richesses, ils aperçoivent plus aisément les tendances propres de cette circulation. On se trompe si l'on considère le principe de la liberté économique (qui n'est, à le bien prendre, que le principe de la fatalité économique) comme un théorème établi scientifiquement. Ce qui reste vrai, c'est qu'il est un postulat nécessaire à l'établissement de la science économique [1].

Pourquoi ce même procédé d'abstraction qui permet, quand il s'agit de la production ou de la consommation des richesses, de dégager les lois, ne réussirait-il pas, toutes, choses égales d'ailleurs,

---

1 *Principes de la théorie des richesses*, 139 ; *Revue sommaire des doctrines économiques*, 52 ; *Considérations*, 11, 95, 241.

Célestin Bouglé

sur d'autres terrains ? Il est vrai que tous les phénomènes ne se laissent pas, comme ceux dont traite l'économiste, évaluer en chiffres et qu'ils se déroberaient à l'application utile des formules algébriques. Il n'en reste pas moins qu'on en démêle beaucoup qui varient, à n'en pas douter, en fonction les uns des autres. Encore que ces variations ne se laissent nullement exprimer sous des formes mathématiques, il arrive souvent qu'on peut en assigner la raison théorique. Ce ne sont pas seulement des rapports constants ; ce sont des rapports, qui se laissent déduire. Il y a, donc là de véritables lois que la philosophie de l'histoire rencontre sur son chemin [1] et devant lesquelles elle aurait tort de ne pas s'arrêter.

C'est ainsi qu'un certain nombre des tendances générales qu'elle ne faisait que constater dans l'évolution des sociétés, elle peut les expliquer en se représentant de quelle manière, conformément à ce que l'expérience nous fait connaître de sa nature, doit réagir l'âme humaine. Nous avons vu que, tandis que les instruments de la civilisation générale vont en se perfectionnant sans cesse, le propre des choses qui caractérisent chaque civilisation particulière est de croître et de décroître en parcourant le cycle des âges, à l'instar des êtres doués de vie et auxquels la nature a assigné une fin inévitable. « Non seulement, remarque Cournot, l'observation constate cette loi générale, mais nous en comprenons la raison, encore mieux que nous ne comprenons pourquoi l'individualité vivante traverse des périodes analogues. Les plus anciens philosophes ont remarqué la loi et entrepris de l'expliquer. Ils nous ont dit comment chaque institution se corrompt et périt, pour être remplacée par une autre, destinée de même à corrompre et à périr. Les excès inévitables du pouvoir absolu font désirer la liberté. L'aristocratie se réduit, se concentre jusqu'à ce qu'on oublie les services des aïeux pour n'être plus frappé que des vices ou de l'orgueil de leurs descendants, et alors elle périt sous les colères populaires ou sous l'oppression d'un tyran. Les héros fondent des dynasties, et leurs successeurs, gâtés par la flatterie, usés par les plaisirs que procurent la grandeur et le pouvoir, en préparent la déchéance et la ruine. Les peuples n'échappent pas plus que leurs chefs à cette loi fatale : leur courage, leur frugalité leur donnent la victoire, et les fruits de la victoire les habituent au luxe et amollissent leur courage. La puissance qui

---

1 *Traité*, II, 351.

s'est élevée quand il s'agissait de réunir les efforts contre un ennemi commun devient par ses succès mêmes et par l'orgueil qui en est la suite cet ennemi commun contre lequel tous les efforts se rallient. L'ardeur avec laquelle une nation se portait vers des entreprises possibles est remplacée par la lassitude et par la résignation à des conditions nouvelles qui rendraient les entreprises chimériques. De grands empires se forment, en absorbant les uns après les autres les petits États qui les entourent, et quand ce travail d'agglomération s'est opéré, un autre travail commence en sens inverse : les inconvénients de la centralisation se font sentir ; au fléau des petites guerres sans cesse renaissantes succède le fléau des vexations proconsulaires ou d'une fiscalité oppressive ; le patriotisme et l'esprit guerrier s'émeuvent ; la main du chef n'est plus capable de réprimer les hostilités du dehors et les révoltes du dedans ; de grandes masses se détachent pour se fractionner à leur tour, jusqu'à ce que la division soit poussée à son dernier terme et qu'un autre travail de recomposition recommence [1]. »

Quel que soit le degré d'exactitude des généralités que Cournot donne ainsi en exemple, ce qui nous importe c'est la nature des explications qu'elles proposent. Il est visible qu'elles tendent à expliquer les faits sans noms propres à l'appui, abstraction faite de la variété des décors, et en tenant compte seulement de certains processus psychologiques qui, pour peu que les circonstances s'y prêtent, se reproduiront toujours et partout les mêmes. Or, ne pourrait-on multiplier et, en même temps, préciser les explications de ce genre si l'on portait l'attention non plus seulement sur les tendances les plus générales de l'âme humaine, mais sur les déviations spécifiques de ces tendances lorsqu'elles sont mises en présence des diverses espèces d'institutions ? si, en d'autres termes, on cherchait à établir comment varient les états d'esprit des individus en fonction des formes sociales ? Le difficile serait seulement de trouver en ces matières fuyantes les abstractions fécondes, les « biais » qui permettraient d'apercevoir, au travers de la multiplicité des événements, un certain nombre de relations constantes et intelligibles.

Cournot a montré qu'il comprenait le prix de ces notions organisatrices par le soin avec lequel il discute les positions

1 *Traité*, II, 325.

Célestin Bouglé

habituelles de ce qu'il appelle la *morphologie politique* [1]. Il y aurait un grand intérêt, même pratique, pense-t-il, à démêler les effets normaux des formes de gouvernement qui en vertu de la constance de ces formes, ne s'auraient manquer de « prévaloir à la longue dans les résultats moyens et généraux, quelle que fût la variabilité des forces actives, et les résultats de leur action dans chaque cas particulier ». Il semble malheureusement que ces formes résistent jusqu'ici aux essais de classification et de coordination scientifiques. Mais peut-être cet insuccès tient-il à ce qu'on n'a pas su choisir, pour définir ces formes, les caractères vraiment dominateurs. On se contente le plus souvent de reproduire la distinction formulée par les philosophes grecs entre les trois formes régulières de gouvernement : monarchie, aristocratie, démocratie. En réalité, « un chef qui agit, ou un conseil qui délibère, ou la foule des individus intéressés qui tantôt acclame et tantôt se mutine », ces conditions formelles n'ont rien de particulier aux pouvoirs politiques : on les retrouve dans toutes les manifestations de la vie sociale ; elles tiennent à l'essence même de la société ou de l'association, soit qu'on prenne ce mot dans un sens politique, juridique, militaire, commercial, civil ou religieux. D'un autre côté, si l'on reste attaché à cette classification, on risque de ranger sous la même rubrique des gouvernements tout différents de procédés et d'esprit, comme les monarchies de l'Asie et celles de la Grèce, la république des Hébreux et celle des Américains.

Si l'on veut découvrir la racine des diverses espèces d'institutions politiques, il faut descendre plus bas : « Le genre de vie, nomade ou sédentaire, rustique ou citadin, voilà ce qui tend surtout à les caractériser ; le passage d'un genre de vie à l'autre, voilà la cause la plus efficace des mutations qu'elles subissent. » En ce sens Cournot, devançant Sumner Maine, déclare qu'aucun changement ne fut plus gros de conséquences que le passage des lois *personnelles* aux lois *territoriales*. La Tribu devient un Pays. De patriarcal, le pouvoir prend le caractère de seigneurial. L'idée de puissance publique se lie à celle de propriété foncière : d'où certaines transformations progressives, d'où une première « civilisation » des mœurs et du droit. Mais les mœurs et le droit sont renouvelés plus profondément encore lorsque le Pays se constitue en Cité. Centre d'affections

---

1 *Traité*, II, 196.

nouvelles et de nouveaux besoins, rien n'est plus propre que la ville qui s'élève à donner d'abord l'idée d'une *chose publique,* de l'intérêt qu'elle fait naître, du droit de la surveiller. Le gouvernement municipal est ainsi le berceau de tout gouvernement républicain. Les républiques ne sont d'abord que les projections sur tout un pays de la puissance et des formes d'une cité, et si, plus tard, on voit de grands États se constituer à leur tour en républiques, c'est que, grâce à tout l'appareil technique de la civilisation, par le développement du commerce, par la facilité des communications et des transports, qui permettent une circulation incessamment accrue non seulement des objets mais des personnes et des idées, en un mot par l'augmentation indéfinie non seulement de la densité, mais de la mobilité sociale, un grand État se rapproche de plus en plus d'une grande agglomération urbaine. Alors seulement peut naître le principe de la souveraineté nationale, comme naissait, dans le Pays, celui de la souveraineté territoriale, et dans la Tribu celui de l'autocratie. – Par où l'on voit que Cournot cherche à définir les conditions générales qui, indépendamment des crises et des inventions devaient normalement permettre l'établissement de telle institution ou même assurer le succès de telle idée.

Le procédé pourrait être généralisé. Dans l'histoire des phénomènes juridiques ou des phénomènes religieux, par exemple, on pourrait de même découvrir des « couples », comme disait Taine, des relations constantes telles que, partout où une certaine modalité de groupement sera donnée, telle série de conséquences tendra à s'ensuivre. Cournot en fournit quelques spécimens, observant ici que plus le droit a de singularité, plus il ressemble à, un privilège et plus les hommes s'y attachent [1] ; – là que ni les mœurs, ni même les dogmes d'une religion ne sauraient rester les mêmes lorsque, de monopole d'une minorité, elle devient la propriété commune de masses immenses dûment organisées. Il remarque encore que, lorsque les religions deviennent supranationales, « catholiques », « elles inclinent quasi fatalement au spiritualisme et à l'ascétisme ; elles tiennent de moins en moins de compte de l'homme charnel, qui porte visiblement l'empreinte de tant de différences individuelles et de tant de différences de races, pour s'attacher de

---

1 *Traité*, II, 187 ; *Considérations*, II, 273.

Célestin Bouglé

préférence à un principe intérieur et invisible [1] ». En quoi l'on peut dire qu'il s'essaie à montrer comment l'orientation des sentiments et des croyances traduit la pression des conditions sociales.

Maintenant, continuerons-nous de penser que des pressions de ce genre ne se manifestent qu'aux phases extrêmes, post-historique ou préhistorique, du devenir humain ? Elles se laisseront peut-être moins aisément mesurer à la phase proprement historique, s'il est vrai que le champ laissé au hasard y est plus large. Mais rien ne permet de croire qu'elles y seront annihilées. Et il importe par conséquent de démêler les conséquences qu'elles tendraient normalement à produire. On ferait en effet fausse route en imaginant que l'apparition des hasards, et en particulier l'initiative des grands hommes arrêtent en quelque sorte les lois qui font varier tels sentiments ou telles croyances en fonction de telles formes sociales. Ou bien on ne rattache pas par un lien intelligible à ces interventions les conséquences qu'on leur attribue : on s'incline devant un mystère. Ou bien, par ces interventions, on *explique* réellement quelque chose : c'est qu'alors on fait allusion aux « couples » qu'elles déclenchent, aux forces dont elles ont suscité le développement par la mise en œuvre de leurs conditions d'existence. L'action d'un Luther, d'un Richelieu, d'un Napoléon ne devient ainsi intelligible que dans la mesure où l'on montre que tels antécédents étant rassemblés par leurs coups de volonté, telles conséquences devaient normalement se dérouler dans l'ordre des habitudes religieuses ou politiques, en vertu des lois plus ou moins nettement formulées qui enchaînent ces conséquences à ces antécédents. En d'autres termes, un événement de quelque nature qu'il soit n'est vraiment explicatif que si l'on y montre le metteur en œuvre d'un certain nombre de lois. Ce qui reviendrait à observer qu'on n'explique pas, à vrai dire, un fait particulier par un autre fait particulier ; toute explication suppose la croyance à des rapports constants, escompte des propriétés plus ou moins permanentes, utilise des généralités.

Par où il semble bien que nous dépassions décidément la pensée de Cournot, s'il est vrai qu'en différenciant les sciences théoriques des sciences historiques il ait formellement distingué entre les explications qui remontent à l'universel et celles qui remontent d'un

1 *Considérations*, I, 75 ; Traité, II, 457.

Chapitre III

fait particulier à un fait particulier, à l'infini. Les historiens de nos jours font usage d'une distinction analogue lorsqu'ils soutiennent, par exemple, que l'histoire peut et doit être une « étude explicative de la réalité », sans être pour autant une « connaissance abstraite des rapports généraux entre les faits ».

En quoi ils semblent tenir pour démontré que si cette connaissance abstraite, qui serait organisée par les sciences sociales, est possible, elle n'est en tout cas nullement nécessaire à leurs explications. Mais, en fait, si l'on analyse ces explications une à une on s'apercevra qu'elles impliquent toujours, alors même qu'elles ne la formulent pas, la croyance à l'existence de quelque rapport constant, et que la narration des faits, notes isolées, ne prend de sens et d'unité que grâce à la « supposition » d'un certain nombre d'idées générales. On n'entreprend « de travaux historiques, observait justement M. Boutroux, que pour rechercher non seulement des faits, mais des relations causales entre des faits ; et ces relations ne peuvent être obtenues sans faire appel à mainte connaissance psychologique, historique, sociologique, d'un caractère général et synthétique. L'affirmation d'une relation causale quelconque implique le sentiment ou la connaissance d'une ou de plusieurs lois naturelles. » En d'autres termes, l'étiologie historique ne saurait se passer des sciences sociales.

Nous pensons donc qu'ici encore Cournot avait procédé par distinctions trop tranchées ; et que, pour retrouver les enseignements les plus féconds de sa doctrine, il faut réunir ce qu'à de certains moments du moins il paraît séparer. Nous avons montré déjà que les sciences historiques ne sont pas, en réalité, séparées par un abîme des sciences théoriques : il y a de l'historique et il y a du théorique dans toutes les sciences du réel. De même il faut dire que dans toute explication, même historique, à côté des faits donnés, les lois supposées entrent en ligne de compte. Dans bien des cas ces lois restent sous-entendues, tantôt parce qu'elles sont trop simples, – et tantôt parce qu'elles sont trop compliquées. Mais à ne formuler jamais les idées générales dont nous usons dans nos explications, à ne pas nous détourner pour les regarder en face et leur demander d'où elles viennent, à nous fier au sens commun et à l'expérience courante, il est clair que nous risquons de rester dans le vague ou de tomber dans l'arbitraire. Il vaut mieux, sans doute,

Célestin Bouglé

généraliser consciemment, après des analyses et des comparaisons méthodiques, qu'inconsciemment et comme au hasard.

Si ces réflexions sont exactes, auxquelles nous achemine la méthodologie de Cournot, elle nous aura donc finalement aidés à nous convaincre, non plus seulement de la possibilité, mais de la nécessité d'une organisation des sciences sociales.

Chapitre III

Chapitre IV

Théories sur la division du travail[1]

Nous nous proposons de rassembler et coordonner ici, dans une sorte de rapport, les principaux résultats récemment acquis par les sciences sociales en ce qui concerne la division du travail, ses formes, ses conséquences et ses causes.

1 *Année sociologique*, VI, 1903. – Les principaux travaux utilisés pour ce rapport sont les suivants : K. Bücher, *Études d'histoire et d'économie politique*. Paris, F. Alcan, 1901 (Traduction de la 2ᵉ édition [1896] de *Die Entstehung der Volkswirthschaft* ; la 1ʳᵉ, édition est de 1893). – L. Dechesne, *La spécialisation et ses conséquences*. Paris, Larose, 1901 (Extr. de la *Revue d'économie politique*, 1901). – G. Schmoller, *Grundriss der allgemeinen Volkswirthschaftslehre*, 1ʳᵉ partie. Leipzig, Duncker, 1900. (Les chapitres 4 et 6 du livre II résument les résultats des travaux publiés naguère par Schmoller sur la division du travail dans le *Jahrbuch für Gesetzgebung*, 1889 et 1890.) traduits en partie dans la *Revue d'économie politique*, 1889 et 1890.) – E. Durkheim, *De la division du travail social*, 2ᵉ éd. Paris, F. Alcan, 1902. (La 2ᵉ édition est augmentée d'une préface sur les groupements professionnels. La 1ʳᵉ éd. est de 1893) – O. Petrenz, *Die Entwicklung der Arbeitsteilung in Leipziger Gewerbe, von 1751 bis 1890*. Leipzig, Duncker, 1901. – A. Coste, *Le facteur population dans l'évolution sociale*, in *Revue internationale de sociologie*, août-septembre 1901. – G. Simmel, *Ueber sociale Differenzierung*. Leipzig, Duncker, 1890. – P. Guiraud, *La main-d'œuvre industrielle dans l'ancienne Grèce*. Paris, F. Alcan, 1900. – Spencer, *Les institutions professionnelles et industrielles*. Paris, F. Alcan, 1898. – A. Smith, *Recherches sur la nature et les causes de la richesse des nations*. Avignon, Niel, 1791. – K. Marx, *Le Capital*. Trad. Roy. Paris, 1872. – Redbertus, *Das Capital*. Berlin, Ed. Wagner, 1899. – Dühring, *Cursus der National und Socialökonomie*. Leipzig, Reisland, 1892. – Ch. Gide, *Principes d'économie politique*. 6ᵉ éd. Paris, Larose, 1898. – M. Block, *Les progrès de la science économique*. Paris, P. Alcan, 1900. – A. Liesse, *Le travail aux points de vue scientifique, industriel et social*. Paris, F. Alcan, 1899. –Ott, *Traité d'économie sociale*. 2ᵉ éd. Paris, Fischbacher, 1892. – G. Tarde, *Psychologie économique*. Paris, F. Alcan, 1902. – B. Gurewitsch, *Die Entwicklung der menschlichen Bedürfnisse und die sociale Gliederung der Gesellschaft*. Leipzig, Duncker, 1901. – A. Lalande, *La dissolution opposée à l'évolution*. Paris, F. Alcan, 1899. – E. Goblot, *Les classes sociales*, in *Revue d'économie politique*, janvier 1899. – A. Bauer, *Les classes sociales*. Paris, Giard, 1902. –Veblen, *The theory of the Leisure Class*. New-York, Macmillan, 1899. – J.-A. Hobson, *The social problem*. Londres, Nisbet, 1902. – G. Richard, *L'idée d'évolution dans la nature et dans l'histoire* (Appendice F. *La loi de la localisation et les survivances dans la division du travail social*). F. Alcan. – C. Bouglé, *Note sur la différenciation et le progrès*, in *Revue de synthèse historique*, 1902.

Dans notre ouvrage sur *La démocratie devant la science*, au livre II, nous avons utilisé quelques-unes des remarques qui nous avaient été suggérées par ce rapport.

Célestin Bouglé

I. -
Les formes de la division du travail

Dans telle société donnée, la division du travail se rencontre-t-elle à l'état embryonnaire ou à l'état développé ? Et sous quelles formes, au juste, s'y manifeste-t-elle ? Pour répondre à ces questions de fait, encore faut-il que la notion même de la division du travail soit définie, et les diverses formes du phénomène distinguées et classées. – Où trouverons-nous ces concepts directeurs ?

À en croire certains auteurs, ces concepts auraient été élaborés de main de maître, depuis longtemps et pour toujours. La théorie d'Adam Smith sur la division du travail serait définitive. Depuis son apparition l'on n'aurait guère fait que la commenter ou l'illustrer par de nouveaux exemples. La matière, quasi du premier coup, aurait été épuisée.

Chacun connaît cette théorie, tant de fois reproduite, en effet. Trois exemples et un principe la caractérisent. Les trois exemples sont l'épingle de la manufacture, le clou du forgeron, l'habillement du journalier. Grâce à la division du travail, dix-huit ouvriers fabriquent ensemble peut-être deux cents fois autant d'épingles qu'ils en fabriqueraient si chacun travaillait de son côté ; un forgeron-cloutier fabrique près de dix fois plus de clous dans sa journée qu'un forgeron ordinaire ; un humble journalier de nos pays, enfin, est incomparablement mieux vêtu, abrité, nourri, qu'un monarque africain.

Et à quel principe est dû cet accroissement de la richesse générale ? À l'échange. Obéissant à leur penchant inné pour l'échange, apparenté lui-même à leur désir de persuader les individus entrent en rapports d'affaires. Chacun comprend qu'il a intérêt à produire telle espèce d'objets dont ses semblables ont besoin, afin d'obtenir d'eux, en retour, tels autres objets dont il a besoin lui-même. Ainsi naît spontanément, pourrait-on dire, du calcul utilitaire des particuliers, cette organisation si conforme à l'intérêt commun.

Est-il vrai que cette théorie soit définitive ? à la fois aussi complète et aussi précise qu'on peut le souhaiter ?

On sait le reproche général adressé par « le siècle de l'histoire » à l'économie classique. Elle universalisait le présent. Les catégories économiques qu'elle constituait et qu'elle extrayait consciemment ou non de la réalité contemporaine, elle semblait les tenir pour valables en tous temps et en tous lieux ; elle ne les reconnaissait pas, suivant le mot de Lassalle, comme des « catégories historiques ». La théorie d'Adam Smith ne porte-t-elle pas la marque de cet état d'esprit ?

En rattachant la division du travail à l'échange comme à son principe unique et universel, n'élargit-il pas abusivement le champ d'une hypothèse qui ne se vérifie pleinement, peut-être, que dans un état déterminé de civilisation ? Pour que les individus possèdent, comme ceux qu'il nous présente, l'habitude, la faculté, l'idée de marchander et de dire « *Do ut des* », n'y faut-il pas la réunion de certaines conditions qui sont loin d'être partout réunies ? Toujours est-il que le penchant à l'échange qu'il prête aux hommes se dérobe souvent, en fait, au regard des voyageurs et des historiens. Ceux-là nous citent nombre de tribus qui ne pratiquent pas l'échange et le comprennent difficilement : volontiers elles donnent ou plus volontiers elles volent ; l'amour ou la haine entrent aisément dans leur esprit ; mais il se prête mal à ce débat d'intérêts qui est un marché. Les historiens nous font remarquer de leur côté que, même au sein de civilisations très compliquées, comme à Rome, l'acte de l'échange proprement dit, de la vente et de l'achat, est un acte proportionnellement rare, et longtemps solennel. Jusqu'au Moyen Âge, on a pu dire qu'on n'achetait qu'à la dernière extrémité. Et ainsi faudrait-il conclure, s'il est vrai que la division du travail est étroitement liée à l'échange, que bien loin d'être un phénomène économique universel et élémentaire, la division du travail n'est elle-même qu'un phénomène « historique ».

Mais cette intime liaison de concepts, entre la division du travail et l'échange, est-elle recevable ? Cédant à leur tendance individualiste, les économistes classiques nous montrent la division du travail instituée en quelque sorte délibérément, après débat et accord par les échangistes. Mais c'est prendre sans doute, – comme le disait Rodbertus en parlant de Bastiat, – un accident pour l'essence ; c'est ériger à la dignité de forme naturelle et unique une des formes particulières et peut-être récentes de la division du travail. En fait, le travail se divise là même où les individus ne connaissent pas l'échange proprement dit ; et il n'attend pas pour se

Célestin Bouglé

diviser qu'ils aient mesuré leurs intérêts : la sphère de la division du travail est singulièrement plus vaste que celle des calculs utilitaires. Elle s'étend jusqu'aux sociétés les plus simples, et jusqu'aux êtres vivants.

La conception d'Adam Smith est donc en réalité trop étroite. Il n'a vu qu'un des milieux et une des formes de la division du travail ; et nous comprenons aujourd'hui qu'il faut les passer tous et toutes en revue si l'on en veut obtenir enfin une théorie à la fois précise et complète.

Dans cet élargissement de nos recherches sur la division du travail on a voulu voir une des preuves de l'heureuse influence exercée, sur le progrès des sciences sociales, par les conquêtes des sciences naturelles. On sait, en effet, le grand rôle que celles-ci on fait jouer au « principe de la différenciation », et comment elles ont montré, dans la vie des organismes supérieurs, un résultat de la collaboration des éléments entre lesquels les diverses fonctions se sont réparties. Ces découvertes reculaient notre horizon. Elles nous incitaient à voir, dans la division du travail, un phénomène d'une généralité que les économistes n'avaient pu soupçonner ; elles nous amenaient aussi, en nous le présentant comme antérieur à l'humanité même, à le concevoir comme moins « artificiel » qu'ils ne l'avaient conçu ; enfin, en assimilant, de si loin que ce fût, la réalité sociale à la réalité organique, et en nous habituant à la considération de l'ensemble, elles nous aidaient à réagir contre l'excès de leur individualisme.

Mais il importe d'ajouter que si elles avaient voulu s'en tenir aux suggestions des sciences de la vie et calquer leurs théories sur les théories des naturalistes, les sciences sociales auraient piétiné au milieu des métaphores stériles. Nous avons essayé de montrer que la « théorie organique », si elle avait pu, à un certain moment, aider les études sociologiques à dégager leur objet, restait, en dernière analyse, incapable de leur fournir des directions précises et de résoudre aucun de leurs problèmes particuliers. Les formes sociales sont spécifiques, et singulièrement plus compliquées que les formes organiques. On ne saurait conclure de celles-ci à celles-là. Dans le cas qui nous occupe, l'analogie biologique ne pouvait faire penser qu'à l'une des formes que prend dans les sociétés la division du travail : au régime des castes. Là seulement les individus sont emprisonnés de père en fils dans le métier, comme les cellules dans l'organe : là seulement une différenciation véritable accompagne la répartition des fonctions. Mais, bien loin qu'elle soit unique, c'est là une forme de la division du travail qui se rencontre rarement, au moins à l'état pur. Or ce sont toutes ses formes, et en elles-mêmes, qu'il importe d'examiner. Pour préparer cette revue, il ne fallait rien moins que ce grand mouvement de curiosité désintéressée qui pousse les historiens contemporains à décrire dans leur originale diversité les réalités sociales, des plus récentes aux plus lointaines.

Pour l'étude des plus récentes, des soucis pratiques collaboraient à ce mouvement. On sait l'impulsion féconde que le socialisme a donnée, sur plus d'un point, aux recherches des économistes. En ce qui concerne la division du travail, ses observations n'auront pas été inutiles. C'était la manufacture proprement dite que l'économie classique avait sous les yeux ; et la plupart de ses théories se rapportaient au régime industriel qui correspond à l'âge de la manufacture. C'est sur la manufacture transformée par le machinisme ; c'est sur la « machino-facture », ses conditions et ses effets propres que le socialisme attirera l'attention. Le principal effort de Marx, dans les chapitres où il résume et discute les théories courantes sur la division du travail, est d'analyser les transformations que la grande industrie impose aux habitudes installées par le régime manufacturier, et de montrer comment, d'une part, en les mettant au service des machines, elle tend à uniformiser la majorité des travailleurs ; comment, d'autre part, elle tend à les mobiliser, en les faisant passer d'un genre de production à un autre au gré des oscillations du marché. Le socialisme nous force ainsi à réfléchir sur la nouveauté des formes présentes de la division du travail, et à rechercher en quoi elles se distinguent de celles qui les précèdent immédiatement.

Mais de quelles formes celles-ci, à leur tour, étaient-elles précédées ? C'est ce que nous font connaître avec précision les recherches entreprises sur les métiers, les corporations, les ghildes. Les modes de distribution du travail dans les classes ouvrières au Moyen Âge nous sont décrits avec détail ; nous entrons dans une atmosphère hostile aux spécialisations inédites, rebelle aussi, dans une certaine mesure, au morcellement de la production, et où chaque atelier cherche, pour y incorporer le plus possible de travail,

Célestin Bouglé

à retenir le produit à façonner le plus longtemps possible ; nous acquérons ainsi la vision nette d'un état économique où beaucoup des traits que postulaient les théories de l'économie classique ne se retrouvent pas.

Des perspectives plus nouvelles encore nous sont ouvertes, si nous allons chercher nos documents plus haut ou plus loin, – auprès des peuples anciens ou des peuplades encore primitives. On connaît les rencontres fécondes de la philologie et de l'ethnographie ; et comment elles s'accordent pour nous montrer aux premières phases de toutes les civilisations, – et non pas seulement dans les races aryennes, – l'humanité répartie en groupes familiaux analogues, quels que soient les noms différents qu'on leur donne. Les études inaugurées par Fustel de Coulanges et Sumner Maine, étendues et précisées dans tous les sens, nous font de mieux en mieux connaître ces petits enclos, avec leurs institutions et leurs mœurs propres. Là aussi le travail est divisé, sans doute, et la division en est parfois poussée extrêmement loin. Mais entre l'esclave qui, sur l'ordre du père et pour la seule famille, exécute telle ou telle besogne et l'ouvrier qui va offrir ses bras d'usine en usine, là où le poussent les fluctuations du marché universel, il y a tout un monde de révolutions économiques.

Ainsi, grâce à la conspiration de ces diverses disciplines, les milieux très différents que traverse la division du travail sont présents à nos esprits, – la famille, l'atelier, la manufacture, la machino-facture. D'une façon générale, la succession de ces milieux correspond à la succession des « phases » que les nouveaux économistes sont amenés à distinguer, d'après la nature des rapports qui s'établissent entre la consommation et la production : la phase de l'économie domestique, – où le groupe cherche à se suffire, produit pour lui-même et consomme sur place ; – la phase de l'économie urbaine – où les corps de métiers produisent pour d'autres que pour eux-mêmes, mais encore pour une clientèle restreinte et déterminée dont souvent ils attendent la commande et reçoivent la matière à façonner ; – la phase de l'économie nationale, – où l'industrie se procure elle-même la matière première et n'attend plus les commandes, où le commerce va offrir les produits à une clientèle inconnue, en les faisant circuler dans toute la société ; – la phase de l'économie mondiale enfin, – où l'on voit, avec l'extension quasi indéfinie du marché, la grande industrie multiplier et varier ses productions à outrance, guidée par la spéculation capitaliste.

À mesure qu'on passe d'une phase à une autre, à mesure que le cercle des consommateurs s'élargit et que s'accroît la distance qui les sépare des producteurs, c'est, nous dit-on, tout l'ensemble, tout le système des relations économiques qui se transforme. La division du travail n'échappera pas à cette loi. Elle ne saurait rester immuable quand tout le reste varie. Et c'est pourquoi, avertis par l'histoire, nous ne rechercherons plus la forme unique qu'elle conserverait de tout temps ; nous essaierons de discerner au passage les diverses formes qu'elle a pu successivement revêtir.

Mais encore ne suffira-t-il pas, pour les dégager, de caractériser fidèlement, en essayant de restituer l'originalité de la réalité historique, tel ou tel stade de l'économie. La jeune école historique, entraînée par sa crainte des abstractions et par son goût pour les descriptions, s'est complu à cette méthode. Mais l'on se rend compte aujourd'hui que si l'on veut extraire, du chaos des documents, une véritable science sociale, force est de constituer, par une abstraction méthodique, les différents « types » de phénomènes économiques et de dresser le tableau de leurs formes possibles. La théorie de la division du travail devait, elle aussi, porter la marque de cette réaction contre l'excès de l'historisme. Nous voyons, en effet, qu'on essaie, de divers côtés, non plus seulement de dérouler la succession des différents milieux que le phénomène traverse, mais d'établir une classification systématique de ses divers modes.

Si l'on cherche, pour bien comprendre la nature de la division du travail, ce à quoi elle s'oppose symétriquement, on rencontre, conduit par le langage même, le concept d'union du travail. Mais le langage est-il ici un bon guide ? Ces deux idées sont-elles vraiment antithétiques ? Ou bien celle-ci ne fait-elle qu'envelopper celle-là ? En un sens, – tous nos auteurs le reconnaîtraient avec Rodbertus, – toute division du travail est encore union de travail. L'expression de division du travail est mal faite si elle nous fait penser à la séparation et à l'isolement des individus : l'essentiel du phénomène, c'est la connexion qu'il établit entre leurs efforts. Mais si l'on entend par union de travail l'accomplissement de différentes sortes d'activité par une même personne, le cumul de fonctions qui est le propre de la femme dans la maison, de l'ouvrier bon à

Célestin Bouglé

tout faire, du mineur qui est en même temps agriculteur, alors il faut reconnaître que l'union du travail est bien le contraire de la division du travail. Au lieu d'être inférieure, la quantité d'énergie productive dont dispose l'homme est ici supérieure à telle besogne particulière ; il assume donc plusieurs besognes afin d'occuper tout son temps et d'employer toutes ses forces. Or la division du travail ne commence, à proprement parler, que là où les activités se distribuent entre plusieurs mains.

Mais dirons-nous qu'il suffit, pour qu'apparaisse la division du travail, qu'il y ait aide mutuelle et addition des efforts ? Des hommes s'assemblent pour pousser une poutre ou pour faucher un champ. Leurs efforts s'ajoutent, mais on ne peut pas dire qu'ils soient ajustés, précisément parce qu'ils ne sont pas différents. Ils collaborent, mais leur coopération est simple : c'est une communauté de travail. Il faut à la division du travail une coopération complexe, où les tâches des différents coopérateurs soient différentes. Il importe, pour que nous la reconnaissions, non seulement que le service économique qui incombait jusqu'alors à une seule personne soit reporté sur plusieurs, mais encore que chacune de celles-ci accomplisse une partie différente de l'ouvrage qui jusqu'alors constituait un tout.

Mais il ne faut pas que ce trait commun, par où toutes les formes de la division du travail se distinguent de la communauté d'action ou du cumul des fonctions, nous fasse oublier les caractères propres à chacune d'elles. Présenter sur le même plan, à la suite d'Adam Smith, comme des exemples de travaux divisés, les opérations qui produisent l'épingle dans la manufacture, celles qui façonnent le clou dans l'atelier du forgeron, celles qui procurent enfin son habillement au journalier, n'est-ce pas confondre des choses très différentes ?

Dans le dernier cas, en effet, nombre de producteurs indépendants, – le berger, le cardeur, le fileur, le tisserand, le fouleur, le teinturier, le tailleur, – ont collaboré à l'achèvement du produit. Avant d'arriver à sa forme définitive, il a changé plusieurs fois de propriétaire, il a traversé plusieurs « économies » autonomes. La production nous apparaît donc ici comme sectionnée, répartie en tranches différentes. Au contraire, dans le cas de l'épingle, c'est à l'intérieur d'une même section, d'un même organisme économique que tout se passe. Des opérations qui, naguère, étaient toutes exécutées

Chapitre IV

par un même ouvrier sont distribuées maintenant entre dix-huit ouvriers. Le produit change de mains, mais il ne change pas de propriétaires, il ne sort pas d'une même entreprise. Nous n'assistons plus à un sectionnement de la production, mais, à l'intérieur d'une même section, à une analyse, à une décomposition du travail. Le cas du forgeron-cloutier est différent encore. Le forgeron-cloutier ne façonne pas seulement une partie du clou, comme l'ouvrier de manufacture une partie de l'épingle, et son travail n'est pas plus analysé que celui du forgeron ordinaire. Mais il ne s'applique qu'à une espèce d'objets. Cet objet ne passe entre les mains ni de plusieurs producteurs ni de plusieurs propriétaires. La fabrication d'un seul produit par une seule main, à l'intérieur d'une même économie, telle est la caractéristique de ce phénomène, distinct aussi bien de la décomposition du travail que du sectionnement de la production. Il n'a plus pour résultat de diviser les travaux en tranches successives, mais en branches divergentes ; les sections qu'il trace dans le processus de la production sont longitudinales et non plus transversales. C'est la spécialisation proprement dite qui nous apparaît.

Mais, dans la spécialisation même, il faut distinguer des variétés : car elle peut se produire de façons bien différentes. Tantôt on voit tel genre de travail se détacher du groupe économique à l'intérieur duquel et dans l'intérêt duquel il s'exécutait. Désormais il sert de centre à une économie autonome, il « nourrit son homme » : une profession est formée. Ainsi la plupart des métiers naissent en se séparant du ménage. Mais il y en a bon nombre aussi qui, au lieu de sortir directement des premières unités économiques, se sont formés ultérieurement, et c'est précisément le cas du forgeron-cloutier, par une spécialisation nouvelle des métiers déjà spécialisés. Il faut donc distinguer de la formation proprement dite la subdivision des professions.

Ajoutons que, dans certains cas, des professions naissent que rien ne faisait prévoir, auxquelles rien d'analogue ne correspondait dans les régimes économiques antérieurs. Elles ne résultent pas d'un morcellement ; c'est l'apparition d'espèces de biens jadis inconnus qui les suscite. Tel est le cas, par exemple, pour la photographie, la fabrication des glaces ou des vélocipèdes. Il y a là, à vrai dire, non pas division, mais création véritable.

Célestin Bouglé

Ainsi, – formation, subdivision, création des professions, décomposition des opérations, sectionnement de la production, – il faut, si l'on veut que les confusions soient évitées, avoir présents à l'esprit ces différents modes de la division du travail ; et lorsqu'on nous dira que la division du travail s'est développée à telle ou telle phase de l'évolution économique, il faudra préciser suivant lequel de ces modes cette division s'est opérée.

Non qu'il faille s'attendre à une correspondance étroite entre les phases historiques et les types que nous venons de distinguer. Jamais les catégories auxquelles aboutit l'analyse ne s'appliquent, avec une exactitude absolue, à telle ou telle tranche de la réalité. Mais ce qu'on peut légitimement espérer établir, c'est que cette catégorie, ici ou là, prédomine.

Par exemple, s'il est vrai de dire que là où la division du travail se développe le cumul des fonctions décroît, il ne faudrait pas en conclure que ce cumul est d'ores et déjà une habitude universellement abandonnée, et que, désormais, dans les sociétés à civilisation complexe, chaque homme n'a plus qu'une occupation. Les statistiques récentes prouvent au contraire que le progrès des différentes formes de la spécialisation n'élimine nullement l'union de travail. *A fortiori* ces différentes formes ne s'excluent-elles pas les unes les autres.

Ainsi on peut soutenir que la décomposition du travail est un phénomène caractéristique de la grande industrie. Il ne peut se développer librement que là où sont concentrés des ouvriers assez nombreux, comme dans les grands ateliers modernes. Ses plus remarquables progrès sont déterminés par le passage de la manufacture à la machino-facture. C'est ainsi que dans la cordonnerie, tandis qu'une manufacture proprement dite ne compte qu'une dizaine d'opérations distinctes, une fabrique en compte près de cinquante. Ce n'est pas à dire, toutefois, que, dans ses phases antérieures, l'industrie ignore cette analyse. Les grandes familles antiques, avant même qu'il leur vint l'idée de produire pour d'autres que pour leurs membres, avaient des ateliers où la spécialisation des besognes était déjà poussée très loin. On verrait de même que la production des livres dans les monastères du Moyen Âge, ou des armes dans la cour de certains rois sauvages suppose une décomposition du travail assez avancée.

Chapitre IV

Inversement on peut soutenir que le phénomène de la formation des professions appartient aux premières phases de l'évolution économique. Il est caractéristique de la période où l'on passe de l'économie domestique à l'économie urbaine. C'est à ce moment, avec l'établissement des marchés et la constitution d'une clientèle, que la plupart des métiers – travailleurs du fer et du cuir, de la terre cuite et du bois, – se détachent de la famille. Croit-on, cependant, que le phénomène ait définitivement cessé ? La famille perd encore chaque jour quelques-unes de ses attributions. Le blanchissage, la confection et la réparation des habits, la cuisine même, autant de services économiques qui, accomplis naguère à l'intérieur de la maison, le sont aujourd'hui ou vont l'être demain « en ville ».

Il n'en reste pas moins que la formation des professions prédomine là où l'industrie est encore embryonnaire. C'est avec l'efflorescence de l'économie urbaine qu'on les voit se subdiviser. Mais encore faut-il, pour qu'elles continuent de se ramifier progressivement, que les barrières du régime des corporations soient abaissées. De même il faut une certaine expansion du commerce pour que s'installe, dans une société, un sectionnement complexe de la production. De même encore, c'est grâce aux découvertes de la science que se multiplient indéfiniment les créations de métiers.

Ainsi s'explique ce fait que la division du travail, malgré qu'elle soit de tout temps, ait pris, et principalement sous ses dernières formes, une extension inouïe dans la civilisation occidentale contemporaine. Jamais on n'a compté un aussi grand nombre de spécialités, et jamais on n'a vu ce nombre s'accroître aussi rapidement. En chiffres ronds, il n'y a pas moins, nous dit M. Bücher, de 10 000 modes d'activité humaine dont chacun, dans notre société moderne, peut devenir pour un individu l'occupation de sa vie. Et chaque jour de nouvelles voies s'ouvrent : en treize ans, de 1882 à 1895, le chiffre des désignations de professions dans la statistique allemande s'est accru de plus de 4 000. Ces résultats seraient plus frappants encore si l'on pouvait suivre pas à pas, dans une même localité, le développement des différentes formes de la division du travail. C'est ce que M. Petrenz a tenté pour Leipzig, en comparant, à diverses époques, depuis 1751, les livres d'adresses de la ville. De 1751 à 1890 il compte ainsi, pour 46 formations de professions et 43 sectionnements de la production, 72 créations et 300 subdivisions de professions. C'est d'ailleurs depuis 1860 surtout que ce mouvement est sensible. Tandis que de 1830 à 1860 M. Petrenz ne marque que 25 créations et 68 subdivisions de professions, il marque, de 1860 à 1890, 42 de celles-ci et 176 de celles-là. Que des monographies de ce genre, guidées par des classifications méthodiques, se multiplient, et l'on pourra, non plus seulement remarquer d'une manière vague que telle forme de la division du travail prédomine à telle ou telle phase de l'évolution économique, mais établir la proportion précise dans laquelle, à ces diverses phases, se rencontrent ces diverses formes.

Mais il faut pousser plus loin l'analyse. Nous ne serions pas encore suffisamment renseignés sur l'état de la division du travail dans une société si nous savions seulement dans quelle proportion s'y rencontre la formation, la subdivision ou la création des professions, le sectionnement de la production ou la décomposition des opérations. Le phénomène veut être envisagé successivement sous tous ses aspects. À côté de l'aspect technique, il importe d'en éclairer les aspects plus proprement sociaux – économiques, juridiques, politiques, – et de discerner, non seulement les relations de fait que les formes de la division du travail établissent entre l'homme et l'objet ou la partie d'objet à produire, mais les relations de droit, entre les hommes eux-mêmes, auxquelles elles donnent lieu.

On sait combien longtemps, en économie politique, le point de vue technique et le point de vue proprement économique ont été confondus, et comment le socialisme, loin de dissiper cette confusion, s'en est servi, au contraire, pour étayer sa philosophie de l'histoire. Après les discussions récentes auxquelles cette philosophie a donné lieu, principalement après la critique méthodique de Stammler, il semble que l'équivoque soit définitivement ruinée. On nous a rappelé que si la vapeur a produit dans notre monde social les transformations que l'on sait, ce n'est pas en tant que force matérielle, c'est en tant que force appropriée par des possesseurs de capitaux : la transformation des modes de production n'exerce son action sociale qu'à travers les codes. Il importe donc de rendre à la machine ce qui vient de la machine, et à la loi ce qui vient de la loi. Il importe de distinguer soigneusement, de leurs formes techniques, les formes juridiques des phénomènes économiques. Ces remarques ont déjà provoqué d'utiles « reclassements ».

C'est ainsi que M. Simiand propose, dans l'*Année sociologique,* de réserver pour des emplois distincts les termes de *forme* et de *régime* de la production, celui-ci désignant « les institutions de la production économique définies et classées selon les relations juridiques et sociales qui les caractérisent », celui-là désignant « les institutions de la production économique définies et classées selon les relations technologiques on morphologiques qui les caractérisent ».

Qu'une pareille distinction puisse être utilisée pour la théorie de la division du travail, on s'en rend aisément compte. Et, en effet, pour apprécier ses résultats, ce n'est pas le tout de savoir si un homme travaille dans une manufacture ou dans un atelier, si son travail est synthétique ou analysé, s'il fait un clou entier ou seulement une partie d'épingle. Mais dans quelles conditions sociales travaille-t-il ? Voilà ce qu'il importe de préciser. Et, pour le préciser, il faudra distinguer encore, parmi les relations qui caractérisent un régime, celles qui relient l'homme aux choses, celles qui le relient directement aux personnes, celles qui définissent sa propriété, celles qui délimitent sa liberté. Les unes et les autres sont, à vrai dire, définies par des règles juridiques, qu'elles soient ou non expressément formulées. Mais ces règles sont tantôt « réelles » et tantôt` « personnelles » ; tantôt elles se rapportent à l'état des biens et tantôt à l'état des personnes. Il faudrait donc distinguer, dans les régimes mêmes auxquels la division du travail peut être soumise, entre l'aspect juridico-économique et l'aspect juridico-politique.

Le travailleur est-il ou non propriétaire des instruments avec lesquels il exécute sa besogne spéciale ? Est-il ou non acquéreur de la matière première ? vendeur du produit façonné ? Reçoit-il, comme il arrivait souvent à l'artisan du moyen âge, la matière à façonner de l'acheteur, qui loue en quelque sorte ses services ? Entre celui qui l'emploie et lui, y a-t-il communauté à la fois de production et de consommation, comme dans la famille antique, ou seulement communauté de production, sans aucune espèce de communauté de consommation, comme dans l'industrie moderne ? L'ouvrier spécialisé à domicile travaille-t-il « à son compte » ou au compte d'un entrepreneur ? Les ouvriers entre lesquels le travail est distribué dans une fabrique participent-ils en quelque mesure au bénéfice de la vente ? C'est en répondant à des questions comme celles-là qu'on classerait les divers régimes juridico-économiques qu'une même forme de spécialisation peut traverser.

Quant aux régimes juridico-politiques, on les caractériserait en répondant à des questions comme celles-ci : La tâche spéciale que le travailleur accomplit, l'a-t-il choisie librement, et peut-il la quitter à volonté ? Y est-il rivé par la naissance, comme il arrive dans la caste, ou, du moins, pour la vie, comme il arrive dans la corporation ? Y a-t-il dans la société des catégories de citoyens auxquels certains métiers sont réservés de par la loi, ou toutes les carrières sont-elles, en principe, ouvertes à tous ? Y a-t-il des professions privilégiées qui assurent certains droits à leurs détenteurs, ou bien toutes les professions, quelles qu'elles soient, sont-elles égales devant le pouvoir politique ? C'est seulement après avoir répondu à ces questions qu'on pourrait déterminer dans quelle mesure et par quels moyens la contrainte ou la liberté président à la répartition des tâches dans telle ou telle société, et comment, autour des tâches ainsi réparties, s'ordonnent les différentes classes sociales.

Mais, en répondant à ces questions, il importe de n'oublier aucune des matières auxquelles la division du travail peut s'appliquer et de ne pas restreindre abusivement, comme on l'a fait longtemps en économie politique, le sens du mot travail.

Le même auteur qui nous fait remarquer que l'expression de division du travail pèche par l'étroitesse de son premier terme – puisque la notion de spécialisation est plus large que celle de division, – M. Dechesne, ajoute que le deuxième terme risquerait, lui aussi, de restreindre à l'excès le champ de nos recherches. À l'expression de la division du travail, c'est celle de la spécialisation de la production qu'il nous propose de substituer ; car ce n'est pas seulement, nous dit-il, dans l'organisation du travail des ouvriers que se manifeste le progrès de la spécialisation, c'est dans l'ensemble de la production économique, y compris les choses mêmes, la nature et la machine. Il faut aller plus loin. Ce n'est pas seulement de la production proprement économique, c'est de toute espèce d'activité qu'il faut se demander dans quelle mesure et sous quelle forme elle est spécialisée.

Par exemple, à côté des travaux auxquels on réserve, en général, le nom de producteurs, il faut faire entrer en ligne de compte les travaux dits destructeurs, à côté des travaux matériels les travaux proprement spirituels, à côté du travail d'exécution le travail de direction. Si différentes que soient les opérations militaires des opérations industrielles, on peut soutenir qu'elles aussi visent à être productives, – la guerre n'est-elle pas souvent, selon la remarque de B. Constant, la première forme de l'industrie ? – elles aussi supposent « un but, des moyens, des obstacles »; elles aussi comportent, en vue d'un intérêt social, un déploiement d'activités dont il est très important de savoir comment elles sont spécialisées. De même, les activités de toutes sortes qui alimentent la vie spirituelle et qui offrent leurs produits à la compréhension ou à l'admiration des hommes, pour moins visibles que soient les efforts qu'elles commandent, et pour moins aptes qu'elles paraissent d'ordinaire à être réglées et disciplinées, n'en sont pas moins des travaux. Et il faut établir, d'une part, si ces travaux sont cumulés par certains individus ou spécialisés ; d'autre part, s'ils sont réservés à certaines classes ou accessibles à toutes ; si les organes producteurs de cette espèce de travaux sont concentrés dans certaines couches de la population ou comme disséminés dans la masse. On en dirait autant de ces activités dont le résultat est l'ordre, l'unification, l'organisation des autres activités. Ce n'est pas seulement dans la vie militaire ou économique, c'est jusque dans la vie spirituelle, c'est dans la vie sociale tout entière, que le besoin de direction se fait sentir ; et il est intéressant de constater par quels procédés, grâce à quelle catégorie de personnes il est paré à ce besoin, d'établir si l'autorité, elle aussi, quelque forme qu'elle revête, est diluée ou concentrée, si elle est le privilège de certaines castes ou le monopole de fait de certaines classes, et dans quelle mesure la masse des citoyens est appelée à en prendre sa part. Il est clair, en effet, que, pour définir la situation que la division du travail fait à un homme, il ne suffit pas de savoir le rôle qu'il joue dans l'industrie proprement dite, il faut connaître encore le degré et le mode de sa participation à la défense, au gouvernement, à la vie spirituelle de la société.

Il faut donc outrepasser décidément les limites ordinaires de l'économie politique, en se servant non d'une biologie transposée, mais d'une histoire analysée, seule capable de dresser, par ses réponses à nos questionnaires méthodiques, un tableau complet des milieux que traverse la division du travail, des régimes auxquels elle est soumise, des modes suivant lesquels elle s'opère, des matières auxquelles elle s'applique. Ainsi seulement on embrasse sans les confondre les différents aspects du phénomène, et on peut en élaborer une théorie vraiment sociologique.

II –
Les conséquences de la division du travail

Il est encore plus important, si l'on veut non plus seulement classer méthodiquement les formes, mais juger impartialement les conséquences de la division du travail, de distinguer avec netteté les différents points de vue d'où on peut l'envisager. C'est la multiplicité de ces points de vue qui explique comment l'opinion a oscillé et oscille encore, en pareille matière, de l'optimisme au pessimisme.

D'une façon générale, l'ancienne économie politique, qui voit le monde à travers les idées et pour ainsi dire avec les yeux de la grande industrie naissante, célèbre les bienfaits de la division du travail. Pour en juger, elle se place surtout à un point de vue « réel » et « quantitatif ». Elle calcule la quantité et le prix des choses jetées sur le marché. Elle loue donc la spécialisation de fournir plus pour moins, – plus de produits à moins de frais. Marx en fait justement l'observation : les apologistes de la division du travail, dans l'antiquité, la félicitaient surtout de ce qu'elle raffinait la qualité des choses en utilisant pour le mieux les aptitudes des hommes, de ce qu'elle perfectionnait, en somme, à la fois le produit et le producteur. Si, à l'occasion, ils mentionnent aussi l'accroissement de la masse des produits, c'est aux valeurs d'usage qu'ils pensent plutôt qu'aux valeurs d'échange. L'accroissement des valeurs d'échange, l'abaissement du prix de revient des marchandises est, au contraire, ce qui frappe d'abord les modernes. Lorsqu'ils escomptent le bénéfice de la spécialisation, ils ont surtout en vue le travail analysé, et bientôt mécanisé dans la fabrique. Là surtout se cumulent les avantages que leurs théories énumèrent. L'adaptation, non seulement des organes, mais des instruments aux tâches diversifiées devient chaque jour plus intime. La spécialisation des entreprises diminue le nombre des « mobiliers industriels » complexes, qui seraient nécessaires à une société. La concentration des ouvriers et la décomposition de leurs travaux, en même temps qu'elles diminuent les pertes de temps inséparables du transfert des objets et du changement des occupations, raccourcissent aussi le temps nécessaire pour apprendre à confectionner un objet complet.

En un mot, grâce à ces économies de toutes sortes, de temps et d'espace, de capitaux et d'apprentissage, le rendement des forces humaines tend à son maximum dans la manufacture, et *a fortiori* dans la fabrique. C'est sous leurs espèces que l'économie politique admire la division du travail, créatrice de « l'opulence générale », qui inonde le marché universel de produits chaque jour plus nombreux et moins coûteux.

Le mouvement des esprits au XIXᵉ siècle devait, par plus d'un côté, miner cet optimisme. On a souvent observé qu'après l'expansion de la philosophie individualiste, vers laquelle convergeaient la plupart des doctrines dominantes du XVIIIᵉ, siècle, un vague besoin semblait s'être fait sentir partout de construire, d'unifier, d'organiser. Le développement de cette tendance, secondé par l'élargissement de l'horizon limité auquel s'en tenait l'économie politique, nous fait comprendre comment l'attention devait être attirée sur les inconvénients de la division du travail.

Ce n'est plus seulement dans l'ordre économique, disions-nous, qu'on s'inquiète des formes et des effets de la division du travail ; c'est dans tous les ordres d'activité ; c'est, en particulier, dans l'ordre intellectuel. Pas plus que la vie matérielle, la vie spirituelle, on s'en rend compte, ne progresse sans la spécialisation ; pas plus que l'industrie proprement dite, la science et l'art même n'échappent à cette loi.

Toutefois, dans ce domaine nouveau, cette loi est-elle toujours bienfaisante et ne suscite-t-elle que des progrès ? Pour l'art, il est trop évident qu'elle comporte des inconvénients graves, s'il est vrai qu'une véritable œuvre d'art est comme un tout vivant, sur laquelle une personnalité créatrice a mis sa marque. La spécialisation perfectionnera sans doute « le métier » et raffinera la technique de l'art ; mais il n'y a que trop de chances pour que ces avantages soient compensés par les mutilations que cette spécialisation même impose à l'artiste : sa virtuosité ne croîtra peut-être qu'aux dépens de son humanité. Mais, pour la science elle-même, œuvre évidemment plus impersonnelle, et à l'avancement de laquelle on peut véritablement « coopérer », croit-on que la spécialisation soit tout bénéfice ? Grâce à son entremise, nos découvertes ont centuplé sans doute, et chaque jour elle entasse des connaissances plus précises et plus nombreuses. Mais le but de la science n'est pas d'accumuler, c'est d'ordonner, et de faire des corps avec les vérités éparses. Or, le progrès de la « micrologie » ne nous fait-il pas, souvent, perdre de vue cet idéal ? et ne diminue-t-il pas notre capacité de le réaliser ? Les têtes encyclopédiques, *a fortiori* les têtes synthétiques se font de plus en plus rares. La science moderne risque de manquer d'architectes. Et cela serait fâcheux, non seulement pour le progrès de la philosophie générale qu'on devrait extraire des sciences, mais pour le progrès même de chacune d'elles; en s'isolant, elles se stériliseraient. C'est sur des arguments de ce genre que le positivisme s'est fondé, pour dresser le procès de la division du travail. Et contre ces arguments, l'apologie des économistes ne saurait servir de bouclier. Car il ne s'agit plus ici de produire le plus possible dans le moins de temps : le point de vue réel et quantitatif n'est plus de mise. Les vérités ne sont pas des choses. Et l'important en matière de production intellectuelle est moins le nombre que l'ordre.

Cette absence d'ordre et d'organisation n'est-elle pas, d'ailleurs, à y bien regarder, aussi préjudiciable en matière d'industrie qu'en matière de science ? Il est à remarquer, en effet, que le système de production vanté par les économistes, s'il installe à l'intérieur de ses entreprises, entre ouvriers qui se partagent le travail, des rapports strictement réglementés, laisse au contraire en dehors de toute réglementation les rapports de ces entreprises entre elles. En ce sens, les organes de coordination manquent à l'industrie moderne. Sous le coup de fouet de la concurrence, chaque entreprise lance sur le marché le plus de produits qu'elle peut, quitte à avilir les produits par la surproduction. Ainsi naissent ces crises périodiques où l'on voit, suivant l'expression de Fourier, la pauvreté naître de la

Chapitre IV

surabondance même. C'est « l'anarchie économique ». Elle est la preuve que la division du travail livrée à elle-même est capable de bouleverser par de brusques secousses le monde qu'elle supporte. En développant ces remarques, le socialisme faisait à la division du travail, à propos des choses de l'industrie, le même procès que lui faisait le positivisme à propos des choses de l'esprit. Il appelait l'attention sur la nécessité du travail de direction, et montrait que, faute d'organes consacrés à cette tâche, la spécialisation des industries célébrée par les économistes pouvait aboutir à des résultats désastreux.

Mais où le socialisme trouve des raisons de pousser beaucoup plus loin le pessimisme, c'est lorsqu'il attire le regard non plus seulement sur les produits et leur répartition, mais sur les producteurs eux-mêmes et la situation que leur crée le travail dans la fabrique. Suivant lui, en effet, non seulement le travailleur souffre indirectement, dans la société, du caractère « inorganisé », mais il souffre directement, dans l'atelier, du caractère mécanique de la grande industrie. Il n'est pas seulement en butte aux contre-coups de ces crises, qui lui imposent les longs chômages ou les brusques changements de métiers ; mais, lors même qu'il trouve l'emploi de ses forces, il est asservi à des besognes monotones, fastidieuses, déprimantes qui, comme elles, exigent de moins en moins d'apprentissage, exigent de moins en moins d'initiative. Les travaux qu'on lui demande n'ont plus à aucun degré le caractère de l'art ; il n'est plus lui-même qu'une sorte d'appendice de la machine. Un certain « rabougrissement du corps et de l'esprit » des masses est donc inséparable de la division du travail telle que la grande industrie l'organise ; elle réduit l'ouvrier à n'être plus qu'une partie d'un homme ; elle en fait un « travailleur parcellaire» ; elle empêche son développement intégral.

On dit quelquefois aujourd'hui que le socialisme est l'héritier véritable de l'individualisme, qu'il est « l'individualisme logique et complet », et que toutes les revendications formulées au nom des droits de la personne humaine, il se les est incorporées. Nulle part cette incorporation n'est plus manifeste que dans la question de la division du travail. Contre cette mutilation de l'homme par la machine, le socialisme recueille et reprend à son compte les protestations les plus véhémentes. Il répète les formules de Schiller et d'Urquhardt : « Tout ce qui devait être un a été violemment séparé. Éternellement enchaîné à une fraction du tout, l'homme ne se développe aussi que comme une fraction : au lieu d'empreindre l'humanité dans sa nature, il ne devient qu'une simple empreinte de ce qu'il fait ». « Subdiviser un homme, c'est l'exécuter s'il a mérité une sentence de mort : c'est l'assassiner s'il ne le mérite pas. La subdivision du travail est l'assassinat d'un peuple. »

Qu'en s'appropriant ces protestations le socialisme ait exagéré les effets réels de la division du travail dans les fabriques ; que le service des machines, par la culture technique générale qu'il exige, ait contribué à élever plutôt qu'à abaisser le niveau mental de la classe ouvrière, c'est ce qui est probable. Des enquêtes sur l'influence du machinisme démontreraient sans doute que la critique socialiste de la division du travail poussait trop loin son pessimisme. Elle avait du moins le mérite de substituer le point de vue « personnel » au point de vue « réel », et de faire remonter l'attention des marchandises aux producteurs, des choses aux individus.

Mais, pour arriver à un point de vue vraiment social, il fallait se poser une question plus large encore et se demander quelle devait être l'influence favorable ou néfaste de la division du travail, non plus seulement sur le développement des individus considérés en quelque sorte chacun à chacun, mais sur leurs relations réciproques, sur les modalités de leur groupement, en un mot sur l'organisation sociale elle-même.

Ici encore, ce qu'on a d'abord aperçu, c'est l'influence dispersante de la division du travail, c'est son pouvoir de séparation et de différenciation. Le prestige de la biologie y prédisposait sans doute les esprits. Dans le corps social comme dans le corps animal on cherchait à retrouver les organes nettement séparés qui devaient correspondre à la distinction des fonctions. C'est ainsi qu'on en venait à attribuer à la spécialisation la division de la société non seulement en classes, mais en races distinctes.

« Les progrès de l'industrie, disait sir Robert Peel, vont créer une nouvelle race d'hommes. » Suivant certaines théories anthropo-sociologiques, il faudrait prendre cette pensée à la lettre et la généraliser. De tout temps l'exercice des différents métiers a entraîné le développement d'aptitudes différentes, qui s'enregistrent dans l'organisme et se transmettent par l'hérédité. Le métier dépose son empreinte de plus en plus profonde non seulement sur l'individu, mais sur sa descendance. Pour peu que des générations assez nombreuses se succèdent dans l'exercice d'une même profession, c'est vraiment une race qui se forme. Et ainsi s'explique ce fait que tous ou presque tous les groupes sociaux comprennent des sous-groupes, distincts non seulement par le costume et les coutumes, mais par des facultés mentales liées elles-mêmes à des dispositions physiques, et qui sont comme autant de « variétés » humaines.

Quelles exagérations et quelles confusions se cachent sous cette thèse, il n'a pas été difficile de le faire remarquer. Elle fait fond, d'abord, sur la théorie de l'hérédité des qualités acquises, – théorie qui n'est, aux yeux de nombre de biologistes, rien moins que démontrée : en admettant que des qualités simples et générales se transmettent de père en fils, il en est tout autrement de ces systèmes complexes d'aptitudes qui sont nécessaires à l'exercice d'un métier spécial. Quant à vérifier cette thèse par l'étude directe des faits sociaux, c'est ce qui est sans doute impossible : étant donné que, dans les cas relativement rares où des générations assez nombreuses se succèdent entre les cadres d'une même profession, l'action de l'éducation sous toutes ses formes masque celle de l'hérédité, et empêche de décider si les qualités de métier sont bien affaire de race. Que si, d'ailleurs, on regarde de près les cas les plus favorables à la thèse, – et si l'on examine, par exemple, les conséquences du régime des castes dans la société hindoue, – on s'aperçoit qu'il n'est nullement certain que des aptitudes héréditaires spéciales y correspondent à la séparation séculaire des professions. A *fortiori*, s'il s'agissait des sociétés autres que cette société « privilégiée », le phénomène serait-il invraisemblable.

Mais, du moins, à défaut de ces formations de races, ne faudra-t-il pas attribuer à la division du travail la création des classes sociales ? N'est-ce pas elle qui a constitué ces groupes, de même race sans doute ou de races mêlées, mais séparés par les mœurs et souvent par les lois, qui se retrouvent à l'intérieur de presque toutes les sociétés ? Nombre d'auteurs paraissent accepter, au moins implicitement, cette opinion en assignant aux classes une origine professionnelle, Le socialisme, en particulier, paraît croire que la

Célestin Bouglé

division du travail est la mère des classes, et que la spécialisation sociale naît de la spécialisation technique.

La question est des moins éclairées. Les concepts directeurs des recherches, en matière de répartition sociale, n'ont pas été méthodiquement dégagés et classés ; tout ce travail est encore à faire. Mais déjà les distinctions que nous rappelions plus haut, entre les formes et les régimes de la division du travail, entre son aspect technique et son aspect juridico-économique ou juridico-politique, peuvent rendre ici quelques services. Sur ce point encore les explications « matérialistes » de l'histoire sont ébranlées par ces distinctions. On ne peut pas soutenir, d'une manière générale, que les rapports des hommes entre eux dérivent de leurs rapports avec les choses, et que la distinction des classes ne fait que décalquer la distinction préalable des métiers. En réalité, bien d'autres différences que les différences des professions collaborent à la constitution des classes : différences de prestige religieux, d'influence politique, de pouvoir économique. Et bien souvent les classes ainsi constituées sont antérieures, en un sens, à la spécialisation professionnelle : au lieu qu'on appartienne à telle classe parce qu'on a pris tel métier, on prend tel métier parce qu'on appartient à telle classe. La subordination des situations commande la répartition des fonctions. Il serait donc vain de chercher, dans la division technique du travail, l'origine première et l'origine unique des distinctions de classes.

Il importe, d'ailleurs, si l'on veut apprécier les répercussions de la spécialisation dans l'organisation sociale tout entière, de n'oublier aucun des domaines dans lesquels cette spécialisation peut s'exercer, et de ne pas s'en tenir à la considération du travail matériel. Nous avons vu combien il importe de savoir, pour caractériser une société, si le travail militaire, le travail spirituel et le travail de direction y sont réservés à une certaine catégorie de ses membres ou partagés entre tous, – concentrés ou disséminés. Il y a des cas où la répartition de ces travaux est calquée sur la répartition des fonctions économiques : l'exercice de telle de ces fonctions interdit, de droit, toute participation à la vie militaire, politique, intellectuelle de la société. Mais, dans les sociétés progressives, où ces différentes espèces d'activités se raffinent et se compliquent, il est rare que de pareilles barrières subsistent. Et nous voyons, entre

Chapitre IV

autres, que dans nos sociétés, où la forme de la grande industrie réduit le travailleur manuel à une besogne très spéciale, il n'est jamais rivé, en droit, à sa fonction économique. Il est appelé, par exemple, à servir pour la défense nationale : les armées modernes brassent et mêlent, en même temps que toutes les provinces, tous les métiers de la nation. De même, quel que soit leur métier, tous les citoyens sont préparés, par un minimum d'instruction, à prendre leur part de la vie intellectuelle. En vain certains économistes ont-ils dénoncé, naguère, l'instruction de la masse comme contraire aux lois naturelles de la division du travail : les mesures destinées à rapprocher la science du peuple se multiplient universellement dans les sociétés occidentales. En même temps se multiplient les mesures qui lui permettent de participer plus ou moins directement à la souveraineté, en déléguant ses pouvoirs et en contrôlant ses délégués. Toutes ces institutions sont comme autant de contrepoids aux excès de la spécialisation industrielle : le travailleur n'est pas prisonnier de sa fonction ; tous les cercles différents de la vie sociale lui restent ouverts.

Et, sans doute, le socialisme observera que ces possibilités restent, dans bien des cas, purement « théoriques » ; que nombre de droits reconnus en principe à tous les citoyens restent en fait lettres mortes pour les prolétaires ; que leur situation économique les empêche d'en user librement. L'inégale répartition des propriétés entraverait ainsi l'égale jouissance des droits personnels. Les contre-coups de notre régime juridico-économique rendraient illusoires la plupart des précautions de notre régime juridico-politique. Celui-ci aurait détruit, sans doute, d'anciennes catégories sociales ; mais aussitôt, sur leurs ruines, celui-là en construirait de nouvelles. Et c'est pourquoi, comme naguère, la division du travail correspondrait encore à des classes.

Quoi qu'il en soit, il reste qu'entre les classes d'aujourd'hui, qui dérivent indirectement de l'organisation économique, et les classes d'autrefois, qui découlaient directement de l'organisation politique, les différences sont profondes, et qu'on ne peut plus soutenir que les sociétés vont se différenciant, comme les organismes, à mesure qu'y progresse la division du travail.

En réalité, au fur et à mesure de ces progrès, c'est un phénomène nouveau, inconnu aux organismes, qui se développe : ce n'est pas la différenciation, c'est ce que nous avons proposé d'appeler la complication sociale. On voit diminuer le nombre des groupes fermés qui embrassaient l'individu tout entier et commandaient à toutes ses activités, tandis qu'augmente le nombre des groupes ouverts, auxquels l'individu n'adhère que par un côté de sa personne et ne consacre qu'une partie de son énergie, – auxquels il peut participer sans leur appartenir. En un mot, de plus en plus les cercles qui se dessinent à l'intérieur d'une société s'entrecroisent ; et aux points d'entrecroisement de ces cercles se dressent les individus, différents les uns des autres par cela même que diffèrent ce qu'on pourrait appeler leurs collections de groupements. En ce sens, et lorsqu'elle se réalise ainsi par une multiplication des cercles sociaux, c'est l'individualisation que la division du travail favorise. Elle accroît, par la diversité même des rapports qui les relient, les petites différences qui séparent les personnes ; mais elle ne sectionne plus les sociétés en organes nettement tranchés. Elle concourt à la différenciation individuelle bien plutôt qu'à la différenciation sociale.

Que la division du travail soit, en effet, en même temps qu'un principe d'émancipation pour l'individu, un principe, non de dispersion, mais de cohésion pour la société, c'est ce que M. Durkheim s'est proposé de démontrer. Nous avons remarqué que, jusqu'ici, en recherchant les effets sociaux de la division du travail, on était frappé des distinctions et des séparations qu'elle introduit. C'est l'autre aspect du phénomène que M. Durkheim met en relief. À ses yeux la véritable fonction de la spécialisation n'est pas de produire de plus en plus économiquement plus de choses, mais de relier les hommes de plus en plus intimement. Instaurer, entre les individualités dont elle respecte pourtant la distinction, une solidarité intime, voilà la conséquence essentielle de son progrès. Et lorsque nous voudrons porter un jugement impartial, « scientifique » sur ce progrès, et prendre rationnellement parti pour ou contre, il faudra nous souvenir de cette constatation de la sociologie, que la fonction normale de la division du travail est une fonction morale.

Que la division du travail entraîne une solidarité « objective », qu'elle rende, en fait, mutuellement dépendants les êtres qui se partagent les fonctions, les économistes l'avaient dès longtemps démontré, et les « solidaristes » le démontrent chaque jour. Mais M. Durkheim va plus loin : c'est une solidarité « subjective » qu'il fait découler de la division du travail. Elle agit, suivant lui, sur les consciences mêmes. Elle n'abouche pas seulement les intérêts, elle soude les sentiments. Non seulement elle force les hommes à s'aider les uns les autres, mais elle les incline à se respecter les uns les autres. Des services mêmes qu'ils échangent naît tout un système d'obligations morales qui les enveloppent et les rapprochent. C'est ce côté qu'on avait jusqu'ici laissé dans l'ombre. On semblait croire que la coopération, reposant sur la différence des activités qu'elle concerte, et les réunissant pour un moment sur un point unique, n'était qu'un mode économique de groupement ; pour fonder un groupement éthique, où les individus se sentent moralement unis, la ressemblance seule, semblait-il, était nécessaire et suffisante.

En réalité la dissemblance aussi est principe d'union. Ce qui est vrai des amis différents de tempérament, ou de l'homme et de la femme dans le mariage, est vrai aussi, dans l'ensemble de la société, des coopérateurs spécialisés. Par cela même qu'ils diffèrent ils se complètent, et le ressentent incessamment. La division du travail, en entremêlant leurs fins d'un bout à l'autre de leur vie, rappelle chaque jour à chacun d'eux qu'il ne suffit pas à lui-même ; elle l'habitue à se concerter avec les autres, à régler son activité en fonction de leur activité ; en un mot, à tout instant, elle renouvelle dans son âme le sentiment qu'il est une partie d'un tout, et que son bien dépend de ce tout comme le bien de ce tout dépend de lui. Elle est donc moralisatrice. Et si l'on ne s'en est pas aperçu plus tôt, c'est qu'on se faisait des phénomènes de l'échange et du contrat, auxquels on liait la théorie de la division du travail, une idée trop étroite et trop sèche.

Il faut considérer les tenants et les aboutissants, et comme le rayonnement social de ces phénomènes économique et juridique : ce que chacun d'eux implique et ce qu'il produit. L'acte de l'échange n'est que l'expression momentanée et superficielle d'un état durable et profond, d'un état de « manque » qui suscite, dans l'âme de chacun des échangistes, tout un ensemble de sentiments et d'images. Chacun se représente d'une manière constante ceux qui le complètent, et dont la vie est nécessaire à sa vie. Sa pensée se reporte naturellement non seulement aux produits mais aux

Célestin Bouglé

producteurs. Ils prennent une place privilégiée dans sa vie mentale. Et ainsi, non par un pur calcul d'intérêts, mais par le jeu spontané des sentiments, chacun est porté à se sentir obligé envers ceux avec lesquels il coopère.

Ces obligations dépassent d'ailleurs de beaucoup, d'ordinaire, celles qui sont formulées dans les contrats par lesquels nous fixons les conditions de notre coopération. Il est très vrai que plus la spécialisation et avec elle la coopération se développe, et plus aussi nous réglons nos activités non pas uniquement mais principalement d'après des contrats. Mais on aurait tort de ne voir, dans l'acte du contrat, que deux volontés individuelles momentanément abouchées. Il faut apercevoir derrière elles la société préexistante, qui seule prête force impérative à leurs engagements qu'elle réglemente, et dont elle est capable d'annuler les uns tandis qu'elle sanctionne les autres. C'est elle encore qui, du contrat une fois signé par les coopérateurs, fait découler certains devoirs qu'elle leur impose, alors même qu'ils n'y auraient pas pensé, bien plus, alors même qu'ils auraient voulu s'y soustraire. Tous pouvoirs qui prouvent bien que lorsque nous contractons pour échanger les produits de nos activités différentes, nous sommes englobés dans un système de droits et de devoirs définis, antérieur et supérieur au contrat même. Qui dit coopération d'individus spécialisés dit donc soumission à une même réglementation sociale.

Il est donc avéré que la division du travail ne se développe pas dans un groupe sans tendre d'un individu à l'autre un filet de sentiments sociaux, sans faire peser sur tous une même équerre, en un mot sans convier ou obliger incessamment les hommes à respecter leurs devoirs de solidarité.

Ainsi s'explique la persistance du lien social au milieu du progrès de la civilisation. Car il est trop clair que dans nos sociétés volumineuses et denses, où tout se mêle et où tous s'agitent, les ressemblances non seulement physiques mais mentales qui unissaient les individus vont s'effritant. Et, par suite, la communauté des consciences, qui reposait sur ces ressemblances, s'affaisse peu à peu. De tous côtés la part des traditions collectives est rognée. La mode l'emporte sur la coutume, la recherche sur la croyance, l'initiative sur le conformisme. Au milieu de cette décroissance générale de l'homogénéité, comment se fait-il que la cohésion sociale ne soit pas ébranlée ? C'est qu'elle s'appuie à un contrefort nouveau. La division du travail vient prendre la place de la communauté des consciences et, par la quantité, la complexité et l'intimité des rapports qu'elle établit entre les individus, restaurant la solidarité menacée, elle fournit ses points d'appui nécessaires à la vie morale.

Il faut ajouter seulement que, après cette restauration, l'axe de la vie morale est comme déplacé. L'ancienne solidarité éteignait en quelque sorte l'individualité. La nouvelle solidarité met les droits de l'individualité en lumière. Quand les ressemblances qui unissent les membres d'un groupe sont très nombreuses, les sentiments collectifs sont très intenses. Ils s'expriment en traditions pesantes, d'un caractère religieux, et en interdictions strictes, d'un caractère répressif. La conscience commune étouffe les consciences personnelles. Là, au contraire, où la division du travail est poussée très loin, cette conscience perd de son empire et laisse varier les individus. On leur reconnaît la faculté de différer, et si différents qu'ils soient les uns des autres, on leur conserve les mêmes droits. La solidarité est « organique » et non plus « mécanique », c'est-à-dire qu'elle implique la diversité et la spontanéité des éléments qu'elle unit. Les règles restitutives, destinées à faire respecter les intérêts individuels, gagnent sur les règles répressives, destinées à faire respecter l'autorité des sentiments communs. Le seul sentiment commun qui grandisse au milieu de ces transformations est précisément le culte de la personnalité humaine.

Ainsi la division du travail n'assure pas seulement la cohésion sociale, elle en modifie la nature, elle imprime une nouvelle orientation à notre moralité. Si elle ébranle sur plus d'un point l'obéissance aux traditions anciennes, elle fait passer au premier plan le souci de la justice. À la solidarité fondée sur l'annihilation des individus, qui les incline tous ensemble devant une force supérieure à eux, elle substitue une solidarité fondée sur le libre développement des individus, et qui les invite à respecter mutuellement leurs droits personnels. C'est du respect de la personne humaine qu'elle fait le centre de la morale sociale

Voici donc arrêté le jugement pessimiste que nous étions en train de porter sur la division du travail. Car il est clair que nous devons la respecter, si elle est pour notre moralité un principe de vie et de

Célestin Bouglé

progrès, s'il est vrai que, spontanément et quasi mécaniquement, rien qu'en continuant son œuvre de subdivision des fonctions, elle harmonise et égalise.

Encore faut-il, afin que cette œuvre d'équité s'accomplisse, la réunion de certaines conditions préalables. Et pour peu qu'elles manquent, – M. Durkheim le reconnaît, – l'action bienfaisante de la division du travail est étroitement entravée.

Il importe, par exemple, pour que la division des fonctions porte tous ses bons fruits, que ces fonctions soient aussi exactement adaptées que possible à la diversité des facultés et, à cette fin, qu'elles soient choisies en toute liberté. S'il n'y a pas corrélation entre les métiers et les facultés, si nombre d'individus sont à chaque instant rebutés par leurs occupations quotidiennes, si leur profession est leur ennemie intime, si elle leur demande plus, ou moins, ou autre chose que ce qu'ils peuvent donner, il deviendra difficile d'harmoniser ces spécialisations manquées. Un malaise s'ensuivra, d'autant plus dangereux pour l'ordre social que cet ordre n'est plus soutenu par les traditions reçues, et que la conscience collective ne pèse plus de tout son poids, pour les réduire à la raison, sur les consciences individuelles ; c'est pourquoi, dans les sociétés où la division du travail est poussée très loin, il est si important que les individus soient vraiment libres dans leur vocation, qu'ils puissent chercher leur voie, essayer leurs forces, gagner la fonction à laquelle la nature les prédispose.

Mais imaginez que, grâce à la situation économique de leurs parents, les uns jouissent d'une éducation développée, prolongée, raffinée, tandis que les autres sont assujettis dès l'enfance à un travail manuel intensif, alors, entre les uns et les autres, les conditions de la concurrence ne sont pas égales. L'intervention des « facultés » sociales trouble le libre jeu, le juste concours des facultés naturelles. Dès lors la division du travail est contrainte, et non spontanée.

Et ainsi il y a bien des chances, les uns étant tout portés et les autres presque écrasés par la force des choses, pour que l'adaptation des aptitudes aux fonctions soit mal réalisée. En d'autres termes, là où il n'y a pas égalité dans les conditions extérieures de la concurrence, il n'y a pas liberté véritable dans le choix des fonctions ; et la

Chapitre IV

cohésion sociale est par là menacée. Il ne suffit donc pas, pour qu'elle soit assurée, que les travaux soient divisés : il faudrait encore que les conditions fussent égalisées.

Par un autre chemin nous rencontrons une conclusion analogue. Dans les sociétés où le travail est très divisé il importe par-dessus tout, puisque de plus en plus les relations entre individus y prennent la forme contractuelle, que les contrats soient formés en pleine liberté. Cela est nécessaire pour que le respect en soit garanti non seulement par la force des lois, mais par l'union des consciences. Que si nombre d'individus ne contresignent les contrats qui règlent leur activité que contraints et comme à leur corps défendant, l'ordre social est ébranlé. Or à quelle condition est-on sûr que les contrats seront, de part et d'autre, librement consentis ? À la condition qu'il y ait équivalence dans les « causes » du contrat : à la condition que les objets ou les services échangés soient bien d'égale valeur, et tels que les parties contractantes accepteraient au besoin de changer de place. Mais imaginez maintenant une inégalité des situations économiques telle que l'une des parties soit talonnée par la nécessité et forcée ainsi de se plier à n'importe quelles exigences, il y a trop de chances pour qu'il n'y ait pas équivalence dans les « causes ». L'un des contractants n'acceptera que des lèvres, non du cœur, des clauses qu'il n'aura pas débattues en pleine liberté. Ici encore c'est la contrainte, non la spontanéité qui dominera dans les rapports auxquels donnera lieu la division du travail ; et, par suite, c'est un état de guerre, déclarée ou latente, qu'elle engendrera, bien plutôt qu'un état de paix sociale.

Il faut donc le reconnaître: pour qu'elle produise ce qu'on attend d'elle, pour qu'elle harmonise les consciences, il faut qu'une certaine structure sociale soit préalablement donnée. La division du travail ne porte pas sa moisson de solidarité dans tous les terrains. Que lui fasse défaut un certain milieu juridico-économique, que manque une certaine dose d'égalité, que la disproportion des conditions économiques aille croissant, et l'on pourra constater que la division du travail oppose bien plutôt qu'elle n'unit.

D'ailleurs, l'égalité des conditions fût-elle réalisée, il s'en faudrait encore que la division du travail imprimât d'elle-même aux individus cette habitude de régler leur activité, de se « contrôler), eux-mêmes en vue les uns des autres, sans laquelle il n'y a pas

Célestin Bouglé

de vie morale, Et, en effet, pour que nous contractions de pareilles habitudes, il faut une pression et comme une conspiration des circonstances journalières ; il faut que nous soyons rappelés à l'ordre par un groupe permanent, qui consacre ces règles de conduite de son autorité. Seules des associations de ce genre sont capables de sauvegarder la notion et d'assurer le respect des obligations spéciales aux membres des diverses professions. En un mot, des groupements professionnels dûment organisés sont nécessaires à l'entretien de la moralité propre à un régime de coopération. Là où manquent ces organes protecteurs et directeurs, c'est bientôt le régime du désordre, de la discorde entre les professions, du désarroi moral à l'intérieur de chacune d'elles. Et c'est pourquoi M. Durkheim ajoute, à la deuxième édition de son livre, une préface destinée à compléter la liste des conditions nécessaires à l'action moralisatrice de la division du travail : il montre que, pour que cette action pût s'exercer librement, il faudrait non seulement un remaniement complet des conditions économiques, mais encore une reconstitution méthodique des corporations, adaptées aux exigences de l'industrie moderne.

D'une manière plus générale, ce ne sont pas seulement certaines institutions, c'est tout un ensemble de sentiments préalables que la division du travail suppose, pour produire de l'harmonie sociale : ce n'est pas seulement un milieu juridique ou économique particulier qui lui est nécessaire, mais une certaine atmosphère morale. Et, en effet, la coopération complexe ne crée pas la vie sociale ; elle en dérive. Pour que les hommes aient non seulement l'idée, mais la faculté de coopérer, et pour qu'ils acceptent de coopérer suivant certaines règles, il faut déjà qu'ils soient unis et leurs rapports réglés. Les fonctions qui se spécialisent ne s'adapteraient pas l'une à l'autre si les hommes qui se les partagent n'étaient capables et désireux de s'entendre, s'ils n'étaient déjà rapprochés non seulement matériellement, mais moralement, en un mot si les ressemblances ne les avaient déjà mis sur le chemin de la sympathie. C'est ce que M. Durkheim exprime en constatant que la solidarité organique ne peut fleurir que sur le terrain préparé par la solidarité mécanique. En ce sens la fraternité apparaît comme une condition préalable de l'égalité, et la justice, qui s'accommode des différences, n'est qu'une émanation de l'amour, qui fructifie par les similitudes.

Dira-t-on que ce milieu moral était nécessaire à l'éclosion de la solidarité organique, mais qu'elle peut désormais voler de ses propres ailes ? ou croirons-nous, au contraire, que ce même milieu lui est perpétuellement nécessaire et doit être quotidiennement recréé ? On peut craindre, en effet, que la division du travail, à mesure qu'elle se perfectionne, ne tende par certains côtés à isoler les individus, et ne rende illusoires ces rapprochements sur lesquels on comptait pour accorder les personnalités. Quand les relations restent directes et d'homme à homme, entre producteurs et consommateurs, ou entre entrepreneurs et ouvriers, alors on peut croire que la spécialisation entraîne, en effet, dans l'esprit de ceux qu'elle met en présence, certaines associations d'images et de sentiments qui les inclinent naturellement à se respecter. Mais quand ces relations se distendent, quand on travaille les uns pour les autres sans se toucher et sans se voir, l'effet moral peut-il être le même ? N'est-ce pas, comme l'a montré M. Simmel, une des conséquences du rôle de l'argent dans nos sociétés que de remplacer un peu partout les rapports concrets, vivants et humains, par des rapports impersonnels et comme abstraits ? Le grand intermédiaire est aussi le grand isolateur. Par son omniprésence les âmes se refroidissent et se contractent. Et ainsi, dans la mesure où la division du travail est responsable du développement de tout le système commercial, on peut dire qu'elle nous habitue à ne plus voir les hommes derrière les choses, à traiter les hommes comme des choses. Pour réagir contre ces influences isolantes et desséchantes, est-ce trop de toutes les forces assimilatrices qui par-dessous nos spécialisations continuent de nous rapprocher, nous rappelant ainsi que nous devons nous traiter comme des semblables et attisant en nous la flamme vacillante du sens social ? Il est donc heureux que, par certains côtés, nous ne cessions pas de nous ressembler, s'il est vrai que, faute de ces ressemblances persistantes, les sentiments sympathiques perdraient de leur chaleur, et que cette chaleur est nécessaire à la vitalité du souci même de la justice.

Il est donc difficile de soutenir que la division du travail produit d'elle-même et mécaniquement la solidarité voulue. Il faut encore, pour parer aux tiraillements et aux disjonctions auxquelles son développement peut donner lieu, un certain nombre de

Célestin Bouglé

conditions préalables : des situations économiques enfin égalisées, des groupements professionnels réorganisés, des consciences déjà socialisées. Il se dégage donc de l'apologie présentée par M. Durkheim une impression presque aussi pessimiste que celle que cherchaient à donner les critiques socialistes de la division du travail. Et, en effet, pour reprendre un couple d'expressions dont Comte aimait à se servir, nous comprenons bien que les conditions en question sont « indispensables » à la division du travail pour l'exercice de sa fonction morale ; mais nous ne voyons nullement qu'elles soient « inévitables » et se réalisent automatiquement. En fait, bien qu'elles se rencontrent toujours et partout, on pourrait soutenir qu'elles n'ont jamais encore été pleinement réalisées. Et ainsi M. Durkheim nous découvre moins ce que la division du travail produit en fait que ce qu'elle devrait produire, moins son effet nécessaire que son effet idéal.

Au vrai, il ne nous semble pas qu'on ait réussi à nous fournir, sur les conséquences de la division du travail, une opinion proprement et purement scientifique. Les jugements pessimiste ou optimiste que nous porterons sur elle dépendront sans doute toujours, en dernière analyse, des fins que nous proposerons à la vie, tant individuelle que sociale. Et que ces jugements de valeur doivent se modeler sur des jugements de réalité, que la connaissance des lois doive déterminer la position des fins, qu'une étude objective des différents « types » sociaux, en nous découvrant leur évolution normale et ce qui, pour chacun d'eux, comme pour chaque espèce animale, constitue l'état de santé, doive nous dicter notre idéal, c'est ce qui ne nous paraît pas encore certain. Il y faudrait, en tout cas, des analyses et des comparaisons singulièrement plus nombreuses et plus approfondies que celles dont la sociologie dispose aujourd'hui.

La sociologie ne nous paraît donc pas prête, – si tant est qu'elle doive l'être jamais, – à se substituer à la morale. Mais que celle-là puisse d'ores et déjà rendre des services à celle-ci, on s'en est sans doute rendu compte. Après les recherches que nous venons de résumer, la question de la division du travail ne reste plus comme extérieure à la morale, et abandonnée aux seules disputes des économistes. Nous mesurons ses effets non plus seulement sur les choses mais sur les hommes, non plus seulement sur les individus mais sur l'ensemble de la société. Ainsi de nouvelles questions sont posées à nos consciences, en même temps que de nouveaux éléments d'appréciation leur sont fournis.

III –
Les causes de la division du travail

On montrerait aisément qu'en ce qui concerne la recherche des causes de la division du travail, l'influence élargissante de la sociologie n'a pas été moins féconde.

Les causes, c'était en se repliant sur lui-même que l'économiste classique pensait les trouver. Fils d'un monde où l'échange était la règle, il érigeait en penchant universel et inné la tendance à échanger qu'il y avait contractée. Suivant lui, c'est en obéissant à ce penchant que les individus sont amenés à comprendre les avantages de la spécialisation, et c'est en vue des échanges à venir que chacun d'eux se fait l'homme d'un seul métier.

Mais, nous l'avons vu, pour démontrer l'étroitesse de cette thèse, il suffit d'énumérer les milieux que traverse la division du travail. Nous en avons rencontré qui connaissent la spécialisation sans connaître, à proprement parler, l'échange : on a pu dire qu'avant l'expansion de « l'économie urbaine » la règle est de n'échanger qu'à la dernière extrémité. La présence de l'échange ne saurait donc être nécessaire à la naissance de la spécialisation.

Bien plus, la préoccupation d'échange se retrouvât-elle partout, elle ne suffirait pas encore à rendre compte de la division du travail. La fin ne crée pas les moyens. En admettant que les hommes aient compris que chacun d'eux aurait avantage à produire une chose que les autres ne produisent pas, encore faut-il qu'ils soient capables de différencier ainsi leur production, – ce qui suppose non seulement une diversité de métiers inventés, mais une diversité de facultés données.

Il est trop clair, en effet, que, pour que les activités divergent, il faut que des routes multiples leur soient ouvertes. Tout de même qu'il n'y a pas de photographes sans plaques sensibles ou d'artilleurs sans canons, l'existence de certaines croyances et de certains rites est nécessaire à la formation d'une classe de prêtres, l'existence de certaines connaissances et de certaines recettes est nécessaire à la constitution du métier de médecin. En ce sens, - M. Tarde l'a plus d'une fois rappelé, - l'invention est mère du progrès de la spécialisation comme de toutes les transformations économiques. La subdivision ou la création des professions dépend immédiatement des trouvailles, humbles ou grandioses, de l'esprit. Et là où il s'est façonné un instrument de découvertes qui ne s'arrête jamais, comme la science moderne, c'est alors surtout qu'on voit décupler, nous l'avons constaté, le nombre des professions distinguées. Leur multiplication est liée au perfectionnement de la technique.

Mais il ne suffit pas encore que de nouvelles possibilités soient ainsi offertes, et de nouveaux cadres ouverts aux activités des hommes, Il importe, pour qu'il en découle les avantages escomptés, que les activités données soient à la hauteur des métiers inventés, que la diversité des aptitudes corresponde, en un mot, à la diversité des fonctions.

Smith ne croyait pas à la diversité originelle des aptitudes. Bien loin que les hommes soient portés à échanger parce qu'ils naissent différents, ils ne deviennent différents, suivant lui, que parce qu'ils sont portés à échanger. Mais le XIXe siècle, averti par la biologie, a ouvert les yeux sur l'essentielle hétérogénéité des êtres. Les espèces végétales et animales voient pulluler les variétés individuelles qui luttent pour se fixer. L'humanité n'échappe pas à cette loi. Non seulement ses membres sont différenciés par les milieux auxquels ils s'adaptent, et acquièrent des qualités différentes suivant qu'ils habitent le nord ou le sud, la montagne ou la plaine, le bord des fleuves ou les rivages de la mer ; mais les « idiosyncrasies » qu'ils apportent en naissant sont d'une extrême variété. C'est cette variété qui montre le chemin à la spécialisation. En ce sens, bien loin de nous apparaître comme une sorte de combinaison artificielle, résultant de l'entente des volontés qui cherchent leur intérêt, la division du travail doit nous apparaître comme fondée en nature ; elle est l'œuvre moins d'un calcul prémédité que d'une diversité spontanée.

Qu'on se garde, toutefois, d'exagérer la part de ces causes naturelles. Si nous cherchons à les suivre à travers l'histoire, nous voyons aussitôt leur action se mêler à l'action de causes d'ordre social ; et celle-ci, non seulement masquer, mais souvent neutraliser celle-là. Combien de fois, en effet, n'arrive-t-il pas qu'un être se trouve voué à telle ou telle fonction moins en vertu de ses dispositions individuelles que de sa situation sociale ? Ainsi la force des institutions, politiques ou économiques, prime les tendances de la nature.

L'exemple le plus typique s'en rencontre dans les sociétés conjugales. On s'attendrait ici à ce que la division du travail fût calquée sur les différences naturelles qui séparent les deux sexes. En fait, les besognes les plus fatigantes sont réservées souvent au sexe le plus faible. Le plus fort abuse de sa situation pour répartir ses travaux non suivant le vœu de sa nature, mais suivant ses propres intérêts. Mais qu'on ne croie pas que cette division du travail contrainte soit propre à la société conjugale. M. Gumplowicz va jusqu'à dire que jamais le travail ne s'est divisé librement. Suivant lui, tout État est composé de divers éléments ethniques ; mais c'est moins leurs dispositions naturelles que leur situation respective qui détermine leurs fonctions. Le groupe qui a le pouvoir se réserve certaines professions, et abandonne ou impose les autres aux groupes subordonnés. En un mot, la division technique du travail est précédée et gouvernée par la différenciation politique.

D'ailleurs, là même où les inégalités politiques sont effacées, il faut se souvenir que les inégalités économiques jouent un rôle analogue et exercent indirectement la même pression. C'est ainsi que, dans nos sociétés modernes, l'influence des dons naturels sur la répartition des tâches est singulièrement réduite. Il ne faut pas dire, sans doute, que ces dons ne guident le choix du métier que dans les phases les plus anciennes de la spécialisation : l'ouvrier moderne tient compte des aptitudes physiques et intellectuelles de ses enfants pour les orienter vers la profession d'ébéniste ou de forgeron, de comptable ou de dessinateur. Mais combien plus souvent est-il obligé de tenir compte des ressources dont il dispose ! Pour entrer dans telle ou telle carrière il faut de l'argent, ou il faut du temps, qui est encore de l'argent. Il y a ainsi comme des étages économiques de professions, et il est singulièrement difficile de passer sans aide d'un étage à l'autre. En ce sens encore les différenciations sociales sont capables de neutraliser les différenciations naturelles.

Au surplus, eût-on établi avec précision la part qui revient aux différenciations de ce genre, on n'aurait pas encore dégagé les causes véritables du progrès de la spécialisation. Après les réflexions qui précèdent, sur la diversité des procédés inventés, des facultés innées, des situations acquises, nous pouvons pressentir dans quel sens se divisera le travail s'il doit se diviser. Mais la division n'est pas encore rendue nécessaire par la diversité. En fait, cette diversité n'est pas toujours utilisée. Combien de procédés ont été inventés, combien de métiers spéciaux étaient techniquement possibles avant qu'on vît se produire les différenciations professionnelles correspondantes ! Inversement, combien d'aptitudes naturelles ont attendu avant d'être mises en valeur et de trouver une fonction à leur mesure ! On ne nous a donc montré que les conditions qui rendent la division du travail possible et non celles qui la rendent indispensable, que des causes permissives, non des causes nécessitantes. Le ressort de l'évolution, le *primum movens* reste caché.

Ce n'est pas en nous repliant sur nous-mêmes, nous dit M. Durkheim, que nous le découvrirons, mais en étudiant objectivement les phénomènes sociaux et d'abord les plus extérieurs ; c'est la « morphologie sociale » qui détient la clef du problème.

On a longtemps considéré comme indifférente la forme extérieure des sociétés : qu'elles fussent grandes ou petites, denses ou clairsemées, il semblait que cela ne dût changer en rien leur constitution intime. Les économistes avaient signalé l'importance de l'extension du marché, et montré comment elle rend possible, par les perspectives qu'elle ouvre au calcul des vendeurs, les transformations de l'industrie ; mais ils ne paraissaient pas remarquer la pression spéciale exercée, par la forme même des sociétés, sur la tendance spontanée de leurs unités composantes. Le positivisme et le socialisme attirèrent l'attention sur cette pression *sui generis*. La sociologie contemporaine, en recherchant méthodiquement les causes proprement sociales de la division du travail, devait mettre en pleine lumière sa force contraignante.

Il est remarquable, en effet, que les sociétés où la subdivision des professions prend un développement hors de proportion avec tout ce qu'on voit ailleurs sont aussi caractérisées par une certaine forme : elles sont les plus volumineuses et surtout les plus denses. C'est principalement chez elles que la masse sociale se rassemble en centres compacts : c'est chez elles que croissent, en même temps que le nombre et la rapidité des communications, le nombre et la grandeur des agglomérations urbaines, si bien qu'on peut aller jusqu'à dire que « la division du travail varie en raison directe du volume et de la densité des sociétés ». – N'est-ce là qu'une simple coïncidence constante ? ou n'est-il pas possible de découvrir, entre ces deux phénomènes, un rapport de causalité ?

Il suffira pour cela d'utiliser une indication de la biologie. Darwin l'a noté : la concurrence entre les organismes est d'autant plus intense qu'ils sont plus rapprochés par l'espace et plus analogues par le type. Où dix membres d'une même espèce ne peuvent coexister, cent membres d'espèces différentes se développent aisément côte à côte. La concurrence intensifiée pousse donc naturellement à la divergence des caractères ; les individus qui sauront se différencier les premiers auront le plus de chances de survivre. C'est cette loi qui s'applique à l'humanité condensée. Pressés les uns contre les autres, les individus sont obligés de lutter plus ardemment pour la vie. Par suite, ils sont naturellement portés à demander leur salut à la spécialisation. Ils chercheront instinctivement une place qui ne soit pas remplie, un emploi qui ne soit pas tenu. Ils se gênent d'autant moins qu'ils exploitent des filons plus divergents, que diffèrent davantage les besoins auxquels ils satisfont ou les procédés dont ils usent. Le chapelier ne prend pas sa clientèle au cordonnier, ni l'oculiste à l'aliéniste. De même le prêtre et le guerrier, l'industriel et le savant ne visent pas les mêmes buts, ne chassent pas sur les mêmes terres. Ce n'est donc pas seulement dans l'ordre économique, c'est dans tous les ordres de production que les hommes ont intérêt à se spécialiser, s'ils veulent coexister en paix. La densité sociale, en intensifiant leur concurrence, les force à chercher inlassablement les voies non foulées ; sa pression les lance en quelque sorte dans toutes les directions. Il faut bien, comme disait Auguste Comte, qu'ils tentent « de nouveaux efforts pour s'assurer, par des moyens plus raffinés, une existence qui autrement deviendrait plus difficile ».

Célestin Bouglé

Par là s'explique l'accroissement inouï de la division du travail dans nos sociétés : c'est qu'étant donnée leur forme, cette division devient pour leurs membres une nécessité vitale.

Ainsi la morphologie sociale, en dirigeant notre regard en dehors de nous-mêmes, nous découvre ce qui nous manquait jusqu'ici : une puissance déterminante, la cause motrice de la spécialisation.

Est-ce à dire, comme on a paru le croire quelquefois, que nous nous trouvions dès lors enfermés dans une théorie à la fois mécaniste et mystique de l'évolution sociale, qui ferait découler immédiatement les variations de la conduite humaine du mouvement spontané d'une réalité supérieure et extérieure aux individus, sans se préoccuper en particulier des causes naturelles ni surtout des causes psychologiques qui peuvent collaborer à cette évolution ?

Telles ne sont pas, nous semble-t-il, les conséquences de la théorie que nous résumons. Si elle se contentait de nous montrer que l'accroissement et la condensation de la masse sociale nécessitent la spécialisation des individus, sans nous dire comment, à l'aide de quels intermédiaires cela produit ceci, on pourrait retourner, pour s'en servir contre elle, l'objection qu'elle adressait aux théories précédentes ; elle nous montrerait bien pourquoi la division du travail est indispensable, non comment elle est possible. Mais, en réalité, l'explication proprement sociologique d'élimine pas les autres explications : elle les englobe en même temps qu'elle les complète. La cause mise en avant par la morphologie sociale n'exclut nullement les diverses influences favorables à la division du travail signalées jusqu'ici. Ces influences sont au contraire suscitées et stimulées par la force même des sociétés ; elle utilise ces fortes disponibles et en facilite le jeu. Elle rend la division du travail plus aisée en même temps qu'elle la rend plus nécessaire.

C'est ainsi que l'accroissement du volume et de la densité sociale favorise l'éclosion de cette diversité d'aptitudes utile à la spécialisation. Les réflexions de Spencer trouvent ici leur place : plus une société est étendue, plus les milieux naturels où elle se développe ont de chances d'être variés ; plus il y a de chances aussi pour que soient variées les aptitudes naturelles dont elle disposera. D'une façon plus générale, et indépendamment de la diversité des habitats – Darwin l'a remarqué – plus les échantillons d'une même espèce sont nombreux, plus les variations individuelles sont probables. Ainsi plus une société rassemblera de membres, et plus il est probable qu'il y naîtra des individus capables d'innover. D'ailleurs, comme le fait observer M. Coste, l'agent le plus puissant des variations de toutes sottes n'est-il pas là fécondation croisée ? On peut retrouver l'analogue de ce phénomène dans nos sociétés denses et mobiles où le métissage est la règle et où toutes les races se mêlent, pour le désespoir de l'anthroposociologie. Il y a donc des chances pour qu'on ne voie pas dans ces sociétés se former des races nouvelles, aux aptitudes nettement fixées par l'hérédité et dont la fixité même pourrait contrarier le progrès de la spécialisation. L'entrecroisement des hérédités y donnera lieu à des composés plus complexes, plus hétérogènes, plus instables ; c'est-à-dire qu'il y préparera les individualités les mieux faites pour se plier aux innovations spécialisatrices.

L'action de l'esprit ne sera d'ailleurs pas moins secondée sur ce point que celle de la nature. Pour que ces innovations puissent se faire jour, encore faut-il que les traditions reçues ne pèsent pas trop lourdement ; encore faut-il que la conscience collective admette les essais des consciences individuelles. Or, c'est précisément dans les sociétés volumineuses, denses et mobiles que celles-ci sont le mieux libérées de la tyrannie de celle-là. Plus l'aire que doit gouverner la conscience collective est étendue, plus celle-ci devient fatalement abstraite, indéterminée et, par suite, tolérante. De même, plus les individus changent aisément de milieux, plus ils sont soustraits à l'influence immobilisante des anciens, gardiens des traditions. Plus, enfin, ils sont nombreux et concentrés, moins la surveillance exercée sur chacun d'eux est étroite et sévère. C'est donc dans les grandes nations et en particulier dans les grandes villes que s'abaissent le mieux la plupart des obstacles que peuvent rencontrer les innovations professionnelles. Il faut ajouter que c'est là aussi qu'elles trouvent les meilleurs stimulants. Ne sait-on pas, en effet, comme M. Tarde l'a montré, qu'une invention est le plus souvent le résultat d'une interférence, de l'entrecroisement de deux traditions diverses ? Or les agglomérations urbaines, recrutées par l'immigration bien plus encore que par la natalité, sont des centres de rendez-vous pour les traditions les plus variées venues des quatre coins de l'horizon. Ce sont ces milieux qui portent à leur maximum la variabilité et la souplesse mentale favorables au développement de la division du travail.

On voit par là que l'explication morphologique n'exclut pas les explications psychologiques ; si l'accroissement de la densité pousse à la division du travail, c'est grâce aux facultés qu'elle met en jeu, et qui seules rendent possible le progrès de cette division. Mais il faut aller plus loin. Pour expliquer la possibilité de ce progrès, ce n'est pas seulement la diversité des aptitudes et la multiplicité des inventions, c'est le raffinement des besoins humains qu'il faut faire entrer en ligne de compte. Préoccupé de dénoncer l'insuffisance des théories qui se fient à la seule introspection, M. Durkheim montre justement qu'il ne saurait suffire, pour rendre compte de la division du travail, de postuler chez tous les hommes une vague aspiration vers plus de bonheur : bonheur incertain, aspiration elle-même problématique. Mais il reconnaît aussi que la division du travail ne saurait se développer là où les besoins humains ne croîtraient pas en nombre, en variété, en délicatesse. L'homme pressé par la lutte pour la vie chercherait en vain à vivre d'un métier spécial si ce métier n'avait à qui satisfaire ; pour que la spécialisation subsiste, il faut, en faisant subsister son homme, qu'elle réponde à quelque exigence au moins latente.

Comment donc ce progrès des besoins s'explique-t-il ? M. Durkheim le rattache à cette même cause qui est, suivant lui, le moteur de toute l'évolution sociale : la même concurrence née de la concentration, qui pousse à la création de nouveaux moyens, hâte aussi la maturation de besoins nouveaux. Et, en effet, plus la lutte est ardente, plus les individus demandent à leur organisme, et plus celui-ci demandera à son tour. Pour restaurer un équilibre sans cesse menacé, ils se dépensent et s'ingénient de toutes façons. Leur corps plus vite usé réclame une nourriture plus abondante et plus variée. Leur cerveau surexcité devient plus délicat et plus difficile, Ainsi, toutes sortes de raffinements, d'ordre matériel ou spirituel, passent au rang de besoins vitaux, prêts à utiliser les offres de la spécialisation croissante. L'accroissement de la densité multiplie et varie, du même mouvement, les modes de la consommation et de la production : il n'est pas étonnant, par suite, qu'ils continuent de se correspondre les uns aux autres.

Chapitre IV

On jugera peut-être que cette théorie voudrait être complétée, et que, pour rendre compte de la multiplication si rapide des besoins humains, c'est trop peu que d'attirer l'attention sur les dépenses de l'organisme et leurs répercussions. À cette explication psycho-physiologique, des explications psycho-sociologiques s'ajouteraient utilement. N'est-il pas vraisemblable, par exemple, comme le fait remarquer M. Gurewitsch, que la division même des sociétés en classes surexcite singulièrement le développement des besoins humains ? Dans les milieux ainsi disposés, ce n'est pas la lutte pour la vie pure et simple qu'on voit se déployer, c'est encore et surtout la lutte pour la puissance sociale. Le désir de se distinguer et le désir de s'assimiler, de marquer les distances ou de les effacer, de tenir son rang ou de sortir de son rang, voilà, sans doute, les ressorts secrets les plus puissants de la consommation. On l'a justement observé : de quelque produit qu'il s'agisse, c'est toujours le luxe qui l'inaugure et qui le lance. Et si tant d'objets de luxe sont considérés, avec le temps, comme des objets de première nécessité, c'est que la « capillarité sociale », comme disait M. Dumont, est universelle : l'inférieur fait tout ce qu'il peut pour se rapprocher du supérieur, qui fait tout ce qu'il peut pour le distancer. En ce sens encore, et dans la mesure où ce développement des besoins favorise le développement de la spécialisation, la division des sociétés en classes devrait être rangée parmi les causes, bien plutôt que parmi les conséquences de la division du travail. Et ces causes devraient être cherchées non plus seulement dans l'influence exercée sur les facultés et les besoins des hommes par la forme extérieure des sociétés, mais dans l'influence exercée sur les sentiments mêmes par leur structure interne, par toutes sortes de phénomènes d'organisation dont l'étude relèverait non plus de la morphologie sociale proprement dite, mais de la sociologie politique ou économique.

D'une façon plus générale, qu'on soit forcé, pour expliquer le progrès de la spécialisation, de faire entrer en ligne de compte nombre de sentiments complexes et dépendants eux-mêmes de causes très variées, on s'en convaincra aisément si l'on fait attention à la nature de cette « nécessité » qui impose, nous dit-on, la spécialisation aux sociétés volumineuses et denses. Est-il vrai que ce soit une nécessité d'ordre tout extérieur et mécanique, une sorte de fatalité qui pousserait les hommes sans qu'ils s'en aperçoivent et sans qu'ils puissent, en tout cas, lui résister ? Non, sans doute : car si la division du travail s'offre comme une solution de la lutte pour la vie, elle n'est pas la solution unique. Elle est une solution « adoucie » mais d'autres restent possibles vers lesquelles les hommes pourraient pencher, si, pour des raisons à déterminer, ils n'étaient portés déjà vers la solution la plus douce, la plus pacifiante et, pour tout dire, la plus « sociale ». La division du travail n'est donc indispensable que sous condition. Pour que les hommes aient le sentiment de cette nécessité, il faut non seulement qu'ils veuillent vivre sans quoi ils ne lutteraient même pas – mais encore qu'ils veuillent vivre d'une certaine façon, qu'ils soient, en un mot, attachés à un certain idéal, – sans quoi ils auraient pu choisir d'autres dénouements à cette lutte. Parmi ces autres dénouements, M. Durkheim cite « l'émigration, la résignation à une existence plus précaire et plus disputée, enfin l'élimination totale des plus faibles par voie de suicide ou autrement ». Pourquoi ces solutions ne sont-elles pas préférées, sinon à cause de certains sentiments préalablement installés dans l'âme des hommes ? S'ils ne se suicident pas c'est qu'ils ont des raisons de tenir à la vie. S'ils ne se résignent pas, c'est qu'ils ont des raisons de tenir à un certain niveau de vie. S'ils ne se fuient pas, c'est qu'ils ont des taisons de tenir à une certaine communauté de vie. Le résultat de la communauté est donc, d'après les expressions mêmes de M. Durkheim, « contingent dans une certaine mesure » : sa nature dépend des sentiments que la pression de la densité sociale rencontre dans la conscience des hommes. Et, sans aucun doute ces sentiments eux-mêmes dépendent, dans une large mesure, des formes et des tendances de la société. Mais, du moins, ils ne découlent pas immédiatement de la concentration des masses. Ils ne sont pas expliqués par elle, et cependant ils sont nécessaires pour expliquer comment elle peut pousser à la spécialisation. Ce n'est qu'à travers une série d'états intérieurs que les modalités extérieures des groupements agissent, en définitive, sur la conduite des hommes.

C'est pourquoi nous pourrions dire que l'explication sociologique n'élimine pas les explications psychologiques ; mais elle les subsume, elle les implique en se les subordonnant. La théorie à laquelle nous aboutissons n'est donc pas exclusive, à vrai dire, des théories précédentes : la cause morphologique que nous avons mise en relief n'efface nullement l'action des autres conditions, naturelles ou intellectuelles, de la division du travail. La sociologie nous a seulement prouvé que ces conditions n'étaient pas encore des raisons suffisantes : et, replaçant chacune à son rang, elle nous les montre toutes mises en œuvre par une force motrice qui est d'origine proprement sociale, puisqu'elle découle de la forme même des groupements.

*

**

On jugera peut-être, après ce rapport sommaire, qu'il serait exagéré de soutenir que la théorie de la division du travail, depuis Adam Smith, n'a fait aucun progrès. Il nous semble que l'effort récent des sciences, sociales n'aura pas été inutile à cette théorie. Qu'il s'agisse des formes, des conséquences ou des causes, elle nous apparaît d'ores et déjà comme notablement enrichie, à la fois plus large et plus précise, embrassant plus d'aspects et classant mieux les divers aspects du phénomène. C'est ainsi qu'en décrivant les formes de la division du travail, nous avons été amenés à distinguer les « économies » qu'elle traverse, les modes techniques suivant lesquels elle s'opère, les régimes juridico-politiques ou juridico-économiques auxquels elle est soumise, les matières enfin auxquelles elle s'applique. Pour apprécier ses conséquences, nous nous sommes placés d'abord au point de vue de la quantité des choses produites, puis au point de vue de la destinée des individus spécialisés ; en dernier lieu, nous élevant à un point de vue proprement social, nous nous sommes demandé en quoi la division du travail contribuait soit à la différenciation, soit à la cohésion des groupes. En recherchant, enfin, comment elle s'explique, nous avons subordonné les conditions naturelles ou intellectuelles qui favorisent la division du travail aux conditions morphologiques qui l'exigent.

Et, sans doute, dans cette triple analyse, ce ne sont pas des résultats définitifs que nous avons consignés ; nous avions à classer des problèmes aussi souvent que des solutions ; nous avons montré plus d'échafaudages que d'édifices achevés. Il n'importe : les grandes lignes des constructions futures se laissent déjà entrevoir ; et il

Célestin Bouglé

nous semble que, mieux qu'une course à travers les abstractions, cette visite aux chantiers de la sociologie donne l'idée de ce qu'elle veut et de ce qu'elle peut, et précise la nature de ses rapports avec la morale, avec la psychologie, avec les diverses sciences de l'histoire.

On a paru croire naguère que la sociologie prétendait se constituer de toutes pièces, à part et en l'air, en spéculant sur les propriétés d'un objet qu'elle aurait préalablement créé ; que, pour étudier cette réalité *sui generis,* supérieure et extérieure aux individus, elle pensait se passer de psychologie aussi bien que d'histoire ; qu'en assimilant cet être aux organismes, elle espérait pouvoir obtenir des lois pour éclairer non seulement le passé, mais l'avenir des sociétés et constituer ainsi, en même temps qu'une science inédite, une morale toute neuve. L'examen de ses recherches concernant la division du travail montre combien nous sommes éloignés de ces prétentions.

En ce qui concerne la morale, nous avons reconnu que la sociologie n'est nullement prête à la suppléer et nous avons dénoncé l'erreur de ceux qui dictent des lois aux sociétés en leur proposant l'exemple des organismes. Ceux d'entre nous qui pensent que, dans l'avenir, la sociologie pourra fournir des plans de conduite scientifiques, ne se fient pas à ces métaphores, Ce n'est pas en comparant les sociétés aux organismes, c'est en comparant les sociétés entre elles et en classant leurs différents types qu'on pourrait fixer pour chacun d'eux pensent-ils, l'état normal, l'état de santé et, par suite l'idéal. Que, maintenant, la détermination de l'état normal par la science soit suffisante pour dicter leur conduite aux hommes, c'est ce qui peut être matière à discussion. Il reste que, dès aujourd'hui en élargissant notre horizon en nous découvrant les tenants et les aboutissants sociaux de nos différents modes d'activité, le développement actuel de la science sociale n'est pas inutile à la conscience ; s'il ne l'oblige pas, il l'éclaire, et nous permet une action plus méthodique.

De même, nous l'avons vu, la sociologie ne nous paraît pas exclure la psychologie. Pour établir, entre telle forme sociale et telle orientation de la conduite humaine, non seulement un rapport constant mais une relation intelligible encore faut-il que nous analysions les transformations que la présence de cette forme impose à nos états intérieurs, et tout ce qu'elle provoque de combinaisons d'idées ou de réactions sentimentales. Mais il reste que nous trouvons le moteur de ces ébranlements psychologiques dans des phénomènes « extérieurs » et que, par suite, pour découvrir les déterminantes de la conduite humaine, nous ne jugeons plus suffisant de nous replier sur nous-mêmes : c'est sur la masse des phénomènes historiques qu'il nous faut porter nos regards, pour y discerner les causes proprement sociales.

Dans ce chaos, diverses disciplines essaient depuis longtemps, chacune suivant sa voie, d'introduire de l'ordre. Nous avons vu que la sociologie n'aurait garde, sous prétexte de rechercher des terres inexplorées, de négliger les résultats de leurs efforts. Elle essaie seulement de compléter et de coordonner ces résultats. D'une part, elle met en relief les différentes formes que peuvent prendre les rapports entre les hommes, et auxquelles les études de l'économie politique, de la philologie ou de l'ethnographie ne touchaient qu'accessoirement et comme accidentellement. D'autre part, elle essaie de distinguer et de classer, de replacer, en un mot, à leur rang les différents phénomènes d'ordre technique, ou proprement économique, ou juridique, ou politique, mis au jour par les recherches spéciales.

En ce sens, on peut dire que la sociologie essaie, pour sa part, d'obvier ou de remédier aux inconvénients de la division du travail scientifique, en suivant la méthode dont l'expérience de la vie sociale révèle la supériorité : elle ne cherche pas à gouverner les sciences historiques du dehors, et en leur imposant les conclusions de spéculations qui leur resteraient extérieures ; c'est du dedans, et en s'assimilant leurs conquêtes, qu'elle cherche le meilleur moyen de les organiser.

ISBN : 978-1514194959

Célestin Bouglé